KB275565

# 스티브 잡스

# 차례
Contents

# 스티브 잡스의 30년

조금만 속도를 늦춰 봐요. 결말이란 것은 시작처럼 흥미진진하지는 못하니까요. 그리고 당신의 마음속 한구석에는 아이 같은 마음을 남겨 두세요. 나는 당신이 원하는 모든 것을 줄 수 있지만, 정작 당신이 간절히 원하는 건 줄 수 없답니다. 왜냐하면 당신이 바로 당신의 종족 가운데 첫 번째 존재이기 때문이죠.

— U2, '종(種)의 오리지널(Original of the Species)'[1]

1975년 20세의 스티브 잡스(Steven Paul Jobs)와 25세의 스티브 워즈니악(Steve Wozniak, 이하 '워즈')은 주머니를 탈탈 털어 회사를 세웠다. 회사의 이름은 애플컴퓨터(Apple Inc.)[2], 자본금은 단돈 1,000달러였다. 이들은 컴퓨터를 만들어 팔기 위해 회사를 차렸지만, 그 컴퓨터는 오늘날 우리가 알고 있는 컴퓨터와는 전혀 달랐다. 이들이 판매한 것은 케이스도, 모니터도 갖추지 못한 그저 단순한 회로기판에 불과했다. 두 젊은이는 사무실을 구할 돈이 없어 워즈의 신혼집을 공장처럼 사용했고, 워즈가 스스로 '1인 공장'의 역할을 하는 동안 스티브는 경리, 세일즈, 마케팅 등 제품을 판매하기 위한 거의 모든 업무를 맡았다.

이 회사는 5년 뒤 주식시장에 상장됐다. 자본금이 없어 창고를 사무실로 사용했던 이 작은 회사는 5년 만에 미국에서 가장 주목받는 신생기업이 됐다. 그리고 스티브 잡스는 미국에서 가장 주목받는 젊은 억만장자가 됐다.

다시 5년이 지난 1985년 30세의 스티브 잡스는 자신이 세운 회사 애플에서 쫓겨나고 말았다. 스티브가 직접 뽑았던 애플의 새 CEO 존 스컬리에 의해서였다. 스티브는 스컬리에게 보기 좋게 복수하겠다는 일념으로 넥스트(NeXT)라는 새 컴퓨터 회사를 세웠다.

그러나 1990년에 넥스트가 파산을 향해 달려가기 시작했다. 1986년 영화감독 조지 루카스로부터 인수했던 컴퓨터 그래픽 개발회사 '픽사'도 마찬가지로 스티브의 재무 상태를 악화시켰다. 한때 미국의 가장 젊은 부자 가운데 하나였던 스티브 잡스는 불과 10년 만에 저택과 아끼는 포르쉐 자동차를 지키기 위해 전전긍긍하는 파산 직전의 사업가가 돼 있었다.

1995년 스티브가 위기를 극복하기 위한 비장의 카드를 준비하는 동안, 정작 어려움에 빠진 것은 창업자 스티브 잡스를 쫓아냈던 애플이었다. 반면 스티브에게는 반전의 기회가 돌아왔다. 픽사 덕분이었다.

1996년 개봉한 픽사의 첫 장편 애니메이션 <토이 스토리>는 흥행 돌풍을 일으키며 대성공을 거두었다. <토이 스토리>의 개봉 일주일 뒤에 이루어진 픽사의 기업공개로 스티브는 다시 한 번 억만장자의 반열에 올랐다. 한편 위기에 빠진 애플은 새로운 컴퓨터에 어울리는 새로운 운영체제(OS)로 넥스트가 만들어 낸 운영체제 '넥스트스텝(NeXTSTEP)'을 선택했다.

스티브는 절호의 기회를 놓치지 않았다. 1997년 스티브는 애플로 복귀했다. 비록 '임시(interim)'를 뜻하는 'i'가 붙은 'iCEO'의 직함이었지만, 그는 먼 길을 돌아 다시 자신의 회사, 자신이 있어야 할 자리로 돌아왔다.

2000년 샌프란시스코 모스코니 센터에서 열린 맥월드 컨퍼런스(Macworld Conference)에서 기조연설을 맡은 스티브 잡스는 연설이 끝나갈 때 무심하게 한마디를 내뱉었다.

"오늘 저는 기쁜 마음으로 '임시' 직함을 떼기로 했음을 알려 드립니다."

애플에 복귀한 지 단 2년 반 만에, 스티브는 적자투성이였던 애플의 회계장부를 흑자로 돌려놓았고, 영국인 디자이너 조너던 아이브(Jonathan Ive)가 디자인한 속이 훤히 들여다보이는 혁신적인 디자인의 컴퓨터 '아이맥'으로 새로운 트렌드를 만들어 냈다.

그의 두 번째 인생에 실패는 없었다. 2005년 애플은 아이팟(iPod)을 통해 컴퓨터가 아닌 음악 산업에도 지대한 영향을 미치는 회사로 성장했다. 2007년 애플은 아이폰(iPhone)을 통해 휴대전화 시장에까지 뛰어들었다. 2008년 애플은 세계에서 가장 멋진 디자인의 컴퓨터를 만드는 회사이며, 세계에서 가장 많이 팔린 MP3 플레이어를 만드는 회사가 됐다. 이와 동시에 애플은 세계에서 가장 많은 음악을 파는 음반 매장이 됐고, 세계에서 가장 많이 팔리는 스마트폰(다기능 휴대전화) 제조업체로 성장했으며, 세계에서 가장 많은 휴대전화용 소프트웨어를 판매하는 회사가 됐다. 픽사는 그새 <몬스터 주식회사> <니모를 찾아서> <인크레더블> <카즈> <라따뚜이> <월-E>를 만들어 냈다. 더 이상 어느 누구도 그의 적이 아니었다. 모든 이들이 스티브와의 경쟁을 피했다. 그를 방해했던 것은 오직 하나, 죽음의 신뿐이었다.

죽음의 신은 2004년 췌장암이라는 얼굴로 스티브를 찾아왔다. 그의 발병 소식은 극비에 부쳐졌으며, 스티브는 수술을 마친 뒤에야 암을 물리쳤다는 발표를 했다. 그러나 일단 췌장암을 물리친 그는 계속 정력적인 활동을 이어가며 끊임없이 혁신적인 제품을 선보였다. 스티브는 마치 죽음의 신마저 물리치는 초인(超人)인 듯 보였다.

하지만 이제 그것도 마지막일지 모른다. 애플은 2009년 1월 행사를 마지막으로 해마다 참석해 온 맥월드 컨퍼런스에 더 이상 참석하지 않을 예정이라고 발표했다. 스티브가 매년 맡아 온 기조연설도 취소됐다. 게다가 스티브는 2008년 한 해 동안 대중 앞에 나설 때마다 매번 두드러지게 야위어 갔다. 스티브는 공식적으로 자신의 체중 감소가 호르몬 이상일 뿐이라고 밝혔지만, 스티브의 맥월드 컨퍼런스 불참 소식은 곧 그의 건강이상설로 이어졌다. 애플의 주가도 출렁였다. 미국 증권가의 애널리스트들은 스티브가 애플에서 사라질 경우 애플의 기업 가치가 약 25~50퍼센트가량 줄어들 것으로 분석한다. 이는 약 350억~700억 달러에 이르는 금액이다.

단지 돈으로 환산한 액수를 떠나서, 스티브는 결코 평범한 CEO가 아니었다. 스티브 잡스의 등장은 '전혀 다른 CEO'라는 새로운 종(種)의 출현이었다. 그는 젊은 억만장자였고 실리콘밸리의 상징인 동시에 픽사의 아버지이자 무너지고 있던 음악 산업의 구원자였다. 그가 살아온 삶은 너무나 특별해서 들여다보면 볼수록 새로운 해석이 가능하다. 그가 만들어 낸 매끈하게 디자인된 매킨토시와 아이팟은 그 아름다움에도 불구하고, 결국에는 감정 없는 공산품에 불과했지만, 스티브 잡스의 인생은 달랐다.

스티브의 삶은 과잉에 가깝도록 고양된 감정의 결정체였다. 마치 후기인상주의 화가의 그림을 보는 것처럼.

이어지는 이야기는 스티브 잡스의 놀랍고도 긴 여정이다. 그리고 그 여정이 바로, 그가 늘 강조해 왔던 말처럼, 그자신과 그를 둘러싼 모든 이에게 보상이었다(The journey is the reward).

# 신화의 시작

> 난, 내가 찾고 있는 게 무엇인지 잘 모르지만 이건 알아. 좀 더 많은 일을 겪어 보고 싶고, 쉽게 만족하지는 않겠다는 것. 적어도 겪어 보지 못한 일이 없다는 생각이 들 때까지는 이렇게 살 테야. 사람들은 이런 삶이 쉽지 않겠다고 말하지만, 내 귀에는 늘 천사와 악마의 목소리가 동시에 들리는 걸. 난 내가 찾고 있는 게 무엇인지 잘 모르지만, 적어도 좀 더 많은 일을 겪어보고 싶어.
>
>     - 브렌단 벤슨, '내가 찾고 있는 것(What I'm Looking for)'

미혼모의 자식이라는 스티브 잡스의 출생 배경은 유명인사가 된 그에게는 하나의 후광과도 같았다. 실리콘밸리의 젊은

명사가 미혼모의 자식으로 태어났다는 사실을 그냥 놓아둘 언론은 많지 않았다. 불행한 출생의 배경은 입지전적인 성공을 더욱 빛나게 했다.

하지만 사실 그의 어린 시절은 그다지 불행하지 않았다. 어린 스티브는 생후 몇 주 지나지 않아 폴과 클라라 잡스 부부에게 입양됐다. 무엇을 기억할 나이가 되기도 전에 정상적인 가정에서 제대로 된 부모를 만났던 것이다. 양부모인 폴과 클라라 잡스 부부는 매우 가정적인 사람들이었고, 그들은 어린 스티브에게 충분한 애정과 관심을 쏟았다. 스티브는 자신을 낳아 준 부모를 궁금해 했지만, 그 호기심이 양부모와의 행복한 시간을 방해하지는 않았다. 그에게 자신의 진정한 부모는 늘 폴과 클라라 잡스 부부였다. 누군가 그에게 폴과 클라라를 언급하면서 '양부모'라는 표현을 쓰면 스티브는 바로 '부모'라고 단어를 바로잡곤 했다.

양부모가 스티브에게 선물한 것은 좋은 가정만이 아니었다. 실리콘밸리라는 독특한 환경 또한 양부모가 그에게 준 큰 선물이었다. 스티브는 실리콘밸리의 젊은 엔지니어들이 모여 사는 거리에서 학교를 다녔으며, 이들 가운데에는 전자공학에 푹 빠진 스티브 워즈니악이란 젊은이도 있었다. 스티브 잡스는 자신보다 5살이나 나이가 많은 또 다른 스티브의 비범한 능력을 일찌감치 알아보았고, 그의 능력을 존중했다.

또 실리콘밸리의 소년에게는 컴퓨터를 만날 기회도 일찍 주어졌다. 스티브가 처음 보았던 컴퓨터는 에임즈의 나사 연구소에서 사용하던 '단말기(Terminal)'였는데, 어린 스티브는 엄청난 계산을 순식간에 해낸다는 이 굉장한 단말기에 푹 빠졌다. 하지만 스티브가 본 단말기는 사실 화면과 입력장치만 있는 단순한 장치에 불과했다. '진짜 컴퓨터'는 단말기 뒤편에 엄청난 덩치를 뽐내며 숨어 있었다. 어린 스티브가 그 사실을 알지 못했을 뿐이었다.

스티브의 고등학교 시절에는 HP의 9100A라는 소형 컴퓨터가 실리콘밸리의 '와이어헤드(wirehead)' 사이에서 큰 인기였다. 와이어헤드란 실리콘밸리에서 전자공학에 푹 빠져 있던 젊은이들을 일컫는 은어였는데, 스티브 잡스와 스티브 워즈니악 또한 이런 와이어헤드였다. HP가 개발한 이 전자계산기는 숫자를 넣으면 결과가 계산돼 나오는 기능은 물론이고, 사용자가 직접 간단한 프로그램을 입력할 수도 있었다. 워즈는 9100A를 보면서 유사한 기계를 직접 만들어 낸 몇몇 선구자 가운데 하나였다.

스티브는 워즈의 발명품을 가지고 돈을 벌어 볼 작정이었다. 그러자면 회사를 차려야 했다. 새 회사의 이름도 금세 떠올랐다. 스티브와 워즈는 얼마 전 오리건의 사과(apple)농장에 다녀왔는데, '애플(Apple)'은 전화번호부에서 실리콘밸리의 유명 기업이었던 '아타리(Atari)'의 앞에 등장할 수 있는 이름이었다. 하지만 그들에게 이름은 중요하지 않았다.

워즈가 개발한 컴퓨터는 사실 납땜질로 가득한 조악한 회로기판에 불과했다. 이를 다른 사람들에게 판매하려면 더욱 규격화된 설계가 필수였다. 또 가능하면 케이스도 있어야 했다. 하지만 워즈는 도무지 포장에는 관심이 없었다. 그는 개인용 컴퓨터를 발명한 천재였지만, 사람들이 매력적으로 여기도록 제품을 포장하는 능력은 없었다. 반면 스티브는 처음부터 포장을 고민하고 있었다.

하지만 이들에게는 멋진 케이스를 제작하는 데 필요한 공장은 고사하고 규격화된 설계를 끝마칠 자금도 없었다. 이들의 수입이라고는 전자부품 가게 '바이트숍'에 워즈의 회로기판형 컴퓨터 '애플I'을 판매하며 생긴 약간의 돈이 전부였다. 스티브는 여기서 만족할 수 없었다. 그가 원했던 것은 더 큰 부와 명예였다.

**애플컴퓨터, 신화의 시작**

워즈는 끊임없이 새로운 기술을 개발해 냈다. 키보드로 다양한 명령어를 입력하는 방식을 고안했고, 운영체제(OS)를 작동시켜야 사용할 수 있었던 기존의 컴퓨터와는 달리 컴퓨터 내부에 운영체제를 포함시켜 전원만 넣으면 명령어를 바로 입력할 수 있도록 하는 방식도 개발했다.

새로 개발을 진행하기 시작한 애플의 신제품은 '애플II'로 이름 지어졌다. 애플II의 성공을 위해서는 몇 가지 조건이 필요했다. 우선 좋은 제품을 개발하는 것이 기본이었고, 이 제품을 널리 알리는 일이 시급했다. 애플에는 워즈라는 훌륭한 엔지니어가 있었지만, 광고를 다루거나 홍보를 책임져 본 사람은 없었다. 스티브 잡스에게는 사람이 필요했다.

그래서 스티브가 찾아간 곳이 바로 인텔의 멋진 광고를 만들어 낸 광고 회사 레지스 매키너 에이전시였다. 스티브는 애플이 성공하려면 인텔 정도 수준의 광고가 필요하다고 생각했다. 하지만 레지스 매키너에게는 '차고에서 컴퓨터를 만드는 어린 사업가'에 불과했던 스티브 잡스를 만날 이유가 없었다. 그에게는 우수 고객이 이미 많았고, 돈도 되지 않을 일에 관심을 쏟기에는 시간이 너무 없었다. 하지만 스티브는 만만치 않은 상대였다. 날마다 서너 차례씩 전화를 걸어서 매키너와 통화하게 해 달라고 졸라 대던 스티브의 집요함이 결국 승리를 거두었다. 견디다 못한 매키너는 결국 스티브의 전화를 받고 말았고, 스티브에게 한번 찾아와도 좋다고 시간을 허락했다. 흔치 않은 기회였다. 스티브는 매키너의 사무실로 찾아가 애플의 비전과 '컴퓨터로 세상을 바꿀 꿈'을 설명한 뒤, 자신을 고객으로 맞아줄 때까지 매키너의 사무실에서 버티겠다고 고집을 부렸다. 결국 매키너는 스티브의 고집에 꺾여 애플을 고객으로 받아들였다. 결과적으로 매키너의 이 결정은 스티브와 매키너, 그리고 미래의 애플 모두에게 잘 된 결정이었다.

애플의 마케팅을 맡은 매키너는 비록 애플이 차고에서 컴퓨터를 만드는 조그만 회사에 불과하지만 바로 그렇기 때문에 미국에서 가장 유명한 남성지였던 「플레이보이」에 광고를 실어야 한다고 제안했다. 단, 돈은 스티브가 알아서 만들어 내는 조건이었다. 스티브는 차고에서 컴퓨터를 만드는 회사가 「플레이보이」에 광고를 싣는다는 사실만으로도 화제가 될 것이라 생각하며 기꺼이 매키너의 결정에 동의했다. 그리고 돈을 찾아서 움직이기 시작했다.

그때 스티브가 만나게 된 사람이 바로 마이크 마쿨라였다. 마쿨라는 1970년대 초 인텔에서 일하면서 다른 직원들의 스톡옵션을 사들여 놓은 뒤, 인텔의 주식시장 상장 이후 큰 부를 거머쥔 수완 좋은 사업가였다. 그에게 어느 날 스티브 잡스라는 젊은이가 전화를 걸어 왔다. 마쿨라는 스티브만큼이나 모험을 사랑했다. 그는 기꺼이 스티브의 사업에 동참하기로 결정했다. 애플의 공동창업자 스티브 워즈니악은 종종 이렇게 말하곤 했다.

"마이크 마쿨라는 애플에 있어 나보다 훨씬 큰 기여를 했던 사람이다."

워즈의 말은 거짓이 아니었다. 마쿨라는 애플에 9만 1,000달러를 직접 투자했고, 은행대출을 받기 위해 애플의 25만 달러 차입금에 대한 보증을 섰다. 그리고 마쿨라는 스티브 잡스와 스티브 워즈니악에게 애플을 주식회사로 만들어야 한다고 설득했다. 스티브는 결단력과 비즈니스 감각이 있었고, 워즈에게는 기술이 있었지만, 둘 중 누구에게도 돈과 신용은 없었다. 마쿨라는 애플의 탄생에 있어 가장 큰 위험을 무릅쓴 사람이었다. 그는 이 위험을 혼자 걸머진 대가로 두 스티브와 함께 회사 지분의 3분의 1씩을 나누어 가졌다.

끝내주는 제품, 제품을 팔기 위한 혁신적인 마케팅 전략 그리고 자본금 또한 두둑했다. 하지만 애플에는 아직 경영을 아는 사람이 부족했다. 누군가가 CEO의 자리를 차지해야 했다. 마이크 마쿨라는 내셔널 세미컨덕터의 이사였던 마이크 스콧을 애플의 CEO로 추천했다.

1977년 드디어 모든 준비가 갖춰진 상태에서 신제품 '애플 II'가 처음 발표됐다. 애플II는 여러 측면에서 독특한 기계였다. 애플II에는 키보드가 기본으로 붙어 있었고, 전원만 켜면 사용이 가능했다. 워즈는 애플II에 '슬롯'이라고 불리는 장치를 사용했는데, 이는 모듈 형태로 구성된 부품을 꽂기만 하면 애플II의 성능을 더욱 향상시켜 주는 설계방식이었다. 게다가 애플II는 멋진 하얀색 플라스틱 몸체에 대조되는 검정색 키보드를 부착한 매우 아름다운 디자인을 갖췄다. 연말에는 디스크드라이브도 개발돼 애플II와 함께 판매됐다. 이런 모든 기능은 당시로서는 매우 혁신적인 것이었다.

애플II를 보며 열광한 사람들 가운데에는 마이크로소프트의 빌 게이츠처럼 개인용 컴퓨터 시장의 잠재력을 알아본 다른 천재들도 있었다. 이들은 소프트웨어를 개발해 판매하는 사업이 등장할 것을 내다보았고, 새로운 시장의 잠재력을 확신했다. 게다가 빌 게이츠는 소프트웨어시장이 성공한다면 하드웨어보다 훨씬 큰 이윤을 남길 것으로 생각하고 있었다. 이 당시의 스티브 잡스에게 빌 게이츠는 들어보지도 못한 소프트웨어 개발자 가운데 하나일 뿐이었지만 이후 게이츠는 스티브의 인생에 있어 가장 중요한 라이벌이 됐다.

## 매킨토시, 영웅의 완성

스티브 잡스는 1980년 이루어진 애플의 기업공개를 통해 미국에서 가장 젊은 억만장자가 됐다. 당시 애플II는 미국에서 가장 많이 팔리는 개인용 컴퓨터였으며 해마다 두 배씩 판매량이 늘어나고 있었다. 애플에게는 경쟁상대가 없었다. 그리고 스티브에게도 경쟁상대가 없었다.

하지만 스티브는 여기에서 멈출 수가 없었다. 그를 움직인 동인(動因)은 두 가지였다. 하나는 컴퓨터를 가지고 세상을 바꿔 보겠다는 꿈이었다. 그는 이 새로운 기계가 산업혁명과 같은 새로운 혁명을 가져올 것으로 확신했으며, 자신이 바로 그 혁명의 시대를 앞당길 중요한 인물이 될 것으로 생각했다. 이제 이 원대한 꿈을 위해 단순한 '애플II의 개량형'이 아닌 혁명적인 새 컴퓨터가 필요했다. '리사 프로젝트'의 시작이었다.

보다 현실적인 두 번째 원인은 애플 내부의 갈등이었다. CEO였던 마이크 스콧을 비롯한 애플 이사진들은 세계 최대의 개인용 컴퓨터 제조업체로 성장한 애플이 20대 중반의 경험 없는 철부지에게 휘둘려야 한다는 사실을 받아들이려 하지 않았다. 직원들도 마찬가지였다. 직원들은 중요한 결정이 필요할 때면 스티브 잡스가 아닌 스콧이나 마쿨라를 찾아갔다. 스티브의 권한은 신제품 개발뿐이었다. 억울한 노릇이었지만,

스티브에게는 다른 선택의 여지가 없었다. 그가 자신의 회사에서 존재가치를 증명할 수 있는 방법은 단 하나뿐이었다. 애플II를 능가하는 새 컴퓨터가 그 해답이었다.

당시 미국에서 컴퓨터 관련 기술을 가장 많이 연구하고, 앞서서 연구했던 곳은 제록스의 팰로앨토 연구소(Palo Alto Research Center, PARC)였다. 스티브는 이들이 미래의 컴퓨터에 대한 해답을 갖고 있을 것으로 기대했다. 스티브는 컴퓨터 과학자 빌 애킨슨 등 애플의 유능한 컴퓨터 관련 엔지니어들로 팀을 꾸려 PARC를 방문했다. 찢어진 청바지에 샌들 차림의 스티브와 그다지 더 나을 것 없는 복장의 팀원 7명은 PARC에 들어가자마자 두 눈이 휘둥그레지는 광경과 만났다.

이곳에서는 말 그대로 개인용 컴퓨터의 역사를 바꿀 기술들이 구현되고 있었다. 가장 먼저 눈에 띈 것은 GUI(graphical user interface)라는 기술이었다. 제록스의 컴퓨터는 화면에 명령어를 입력하는 대신 '마우스'라고 하는 생쥐처럼 생긴 장치로 원하는 프로그램의 그림을 클릭해 다양한 기능을 실행시켰다. 오늘날 우리가 사용하는 컴퓨터와 같은 방식이었다. 여러 컴퓨터를 연결해 파일과 정보를 공유하는 네트워킹 시스템도 새로웠는데 이것이 오늘날 인터넷의 초기 모형이었다.

PARC에는 말 그대로 모든 것이 다 존재했다. 그리고 스티브와 그의 팀은 모든 것의 가능성을 알아보았다. 이들은 제록스 컴퓨터에 전원이 들어오자마자 열의에 가득 찬 대학 신입생처럼 모든 것을 묻고 또 물었다. 제록스 팀은 최소한의 답만을 하려 했지만 너무나 구체적인 질문은 차마 피하기가 어려웠다. 지금까지 PARC를 찾아온 대부분의 사람들 가운데 '왜 팝업 메뉴의 모양이 이런 식인지, 패턴을 이용한 윈도 디자인은 무슨 효과를 기대한 것인지'와 같은 구체적인 질문을 던진 사람은 이들을 제외하고는 그 누구도 없었다. 제록스 사람들은 한 번도 대답해 보지 않았던 질문을 던진 애플 사람들의 안목에 대해 감탄했다. 심지어 제록스의 연구원이었던 래리 테슬러는 애플 사람들에게 매료돼 훗날 애플로 자리를 옮겼다.

스티브는 이후 언론과의 인터뷰에서 PARC를 방문했던 때를 회고하며 이렇게 말한 바 있다.

"PARC에 갔을 때, 그 사람들이 제게 보여 준 건 크게 세 가지였습니다. 하지만 단 한 가지가 너무나 강렬한 인상을 남겨서, 다른 두 가지는 사실 제대로 보지도 않았어요. 그들이 제게 보여 준 두 번째 것은 객체지향형 컴퓨터 프로그래밍이었지만, 전 보지 않았죠. 세 번째는 네트워크형 컴퓨터로 PARC의 컴퓨터 100여 대를 서로 연결해 데이터를 주고받고 있었는데, 전 역시 보지 않았습니다. 하지만, 첫 번째로 봤던 것만은 잊을 수가 없었어요. 그게 바로 GUI였습니다. 단 10분 동안 지켜봤을 뿐인데, 모든 것을 깨달을 수 있었습니다. 이 순간이 바로 내 인생에서 가장 중요한 순간이라는 사실과, 머지않아 온 세상의 모든 컴퓨터들이 이런 방식으로 작동하게 될 것이라는 사실이었죠."

많은 사람들이 시장에서 성공하기 위해서는 남보다 뛰어난 기술을 갖고 있어야 한다고 얘기한다. 하지만 대부분의 경우 이는 사실이 아니다. 기술보다 훨씬 중요한 것은 훌륭한 안목이다. 당시 가장 뛰어난 컴퓨터 기술은 PARC에 있었지만, PARC는 이 기술로 상업적인 성공을 거두지는 못했다.

스페인의 화가 파블로 피카소는 "좋은 예술가는 남의 것을 잘 모방하지만, 위대한 예술가는 남의 것을 훔친다"라고 말한 바 있는데, 스티브는 이 말을 매우 좋아했다. 스티브는 PARC의 기술을 모방할 생각이 없었다. 대신 그는 PARC의 기술을 모조리 훔치기로 결심했다.

PARC에서 얻은 영감은 리사 프로젝트로 이어졌다. 리사는 제록스의 컴퓨터처럼 마우스와 GUI를 사용한 컴퓨터였다. 사실 리사라는 이름은 아이러니했는데, 왜냐하면 스티브가 수년 동안 자신의 딸로 인정하지 않았던 옛 여자친구와의 사이에서 태어난 딸의 이름이었기 때문이다. 스티브는 여자친구였던 크리스 앤이 자신의 딸을 임신했다고 하자 불같이 화를 내며 사실을 부정했다. 결국 애플의 기업공개를 앞두고서야 양육비를 지급하기로 마음을 바꿨는데, 그때도 스티브는 "기업공개에 악영향을 주기 싫다"는 소극적인 변명을 했다. 그러다 돌연 자신이 직접 시작한 새 프로젝트의 이름을 리사로 정한 것이다. 하지만 이름은 그다지 중요하지 않았다. 리사 프로젝트 자체가 점점 꼬여 가기 시작했다.

제록스의 컴퓨터는 제작 가격에 제한을 받지 않는 연구소의 시험제품이었다. 바꿔 말하면 너무 비싸서 시장에서는 절대로 팔리지 않을 제품이라는 뜻이었다. 그런데 스티브는 일반소비자가 쉽게 사서 쓸 수 있는 최고의 컴퓨터를 만들 작정이었다. 가능할 리 없었다. 리사는 너무 비쌌고, 제작하기도 힘들었다. 게다가 리사 팀원들은 스티브의 완벽주의에 희생돼야 했다. 성격이 불 같았던 스티브는 모두 앞에서 맘에 들지 않는 팀원을 '바보', '멍청이'라며 모욕하기 일쑤였다. 그는 밤 10시까지 파김치가 돼 야근 중인 직원들에게 '게으름뱅이'라며 소리를 질러 댔고, 일요일 오전 7시에 프로젝트 팀 회의를 소집하곤 했다. 리사 팀원들은 일주일에 90시간을 일했다.

반면 비슷한 시기에 애플의 다른 연구팀은 별도의 프로젝트를 진행하고 있었다. 제프 래스킨이라는 사람의 프로젝트였다. 래스킨은 스티브처럼 세상을 바꾸겠다는 거창한 꿈은 가지고 있지 않았지만, 일반인을 위한 더 작고 더 저렴한 컴퓨터를 만들어 보겠다는 생각을 했던 소박한 과학자였다. 그는 스티브의 눈에 띄지 않는, 그래서 간섭도 거의 받지 않을 것이 분명한 애플의 구석 자리 건물에 자신의 팀을 꾸렸다. 그리고 몹시 빠른 속도로 개발을 진행해 1979년 말에 '매킨토시(Macintosh)'라는 컴퓨터의 시제품을 만들어 냈다. 매킨토시는 래스킨이 가장 좋아하는 품종의 사과였는데, 그는 이 이름이 애플이라는 회사 전체의 이름과도 잘 어울린다고 생각했다. 이 이름은 사실 사과 품종인 매킨토시(McIntosh)의 철자를 잘못 쓴 것이었지만 큰 문제는 아니었다. 나중에는 이 사과보다 매킨토시 컴퓨터가 훨씬 유명해져서 많은 사람들이 사과 품종의 이름을 틀리게 쓰는 일도 일어났다.

래스킨은 유능한 사람들도 불러 모았다. 그가 교편을 잡았던 UC샌디에고의 옛 제자 빌 애킨슨과 버렐 스미스, 앤디 허츠펠드 같은 서비스팀의 인재들이었다. 래스킨은 '백만 인을 위한 컴퓨터'를 만들 생각이었다. 문자나 숫자를 입력하면 바로 문서편집기나 계산기가 작동되도록 하는 마치 오늘날의 PDA(개인휴대단말기)와 비슷한 개념의 컴퓨터였다.

리사를 개발하던 스티브는 매킨토시 팀에 화가 났다. 애플이 온 힘을 다해 리사 프로젝트에 집중해도 부족할 판에 래스킨의 매킨토시 팀은 유능한 인력을 데리고 다른 일을 벌이고 있었다. 더욱 화가 나는 건 '백만 인을 위한 컴퓨터'라는 콘셉트로 개발되는 매킨토시가 결국 스티브의 리사와 경쟁하리라는 사실이었다. 스티브는 매킨토시 팀을 없애려 했지만 CEO였던 스콧은 매킨토시 팀을 없애기는커녕 오히려 스티브에게서 리사 팀의 운영권을 빼앗았다. 보수적인 주주들은 스티브 잡스를 그다지 좋아하지 않았고, 애플 내에는 스티브를 존경하는 사람들만큼이나 스티브의 철부지 같은 전횡을 싫어하는 사람들도 많았다. 1980년 늦여름, 스콧은 마쿨라와 몇몇 고위 간부들과 함께 비밀리에 애플의 조직을 개편하고 리사 프로젝트를 프로페셔널 오피스 시스템 부문이라는 새로운 부문에 통합시켰다. 이 부문의 책임자는 스티브가 아니라 소프트웨어 부문 부사장 존 카우치였고, 새 책임자 카우치는 스티브에게 노골적으로 리사 프로젝트에서 손을 떼라고 잘라 말했다. 혁명을 꿈꿨던 스티브의 계획은 이렇게 좌절됐다.

바로 그때 눈엣가시 같았던 매킨토시 팀이 스티브의 눈에 들어왔다. 리사 프로젝트를 더 이상 진행할 수 없다면, 리사에서 구현하고자 했던 환상적인 GUI와 멋진 디자인을 매킨토시에 접목시키면 어떨까 하는 생각이 들었던 것이다. 매킨토시 프로젝트는 일반인이 사용하기 쉬운 컴퓨터를 만들겠다는 스티브의 생각과도 통했다. 게다가 매킨토시 팀에는 유능한 인재도 많았다. 스티브는 매킨토시 팀의 모든 것을 원했다. 단 한 사람, 원래의 주인 제프 래스킨만은 제외한 채.

스티브는 인정사정없었다. 래스킨은 스티브에게 저항하고 싶었지만 구원군을 찾을 수가 없었다. 대주주이자 창업주인 스티브는 리사 프로젝트에서 쫓겨나며 상처받은 자존심을 만회해야 했고, 매킨토시 팀이 마지막 기회였다. 래스킨은 스티브와 비교했을 때 지위나 재산은 물론 권모술수의 능력조차 부족했다. 래스킨은 지푸라기라도 잡으려는 심정으로 CEO였던 스콧에게 스티브를 막아달라고 부탁했지만, 스콧은 오히려 이 기회에 스티브의 불만을 잠재우고자 했다. 애초에 한적한 구석에 지어졌던 매킨토시 팀을 스티브에게 떼어 준다면, 스콧 자신은 스티브를 적게 만나며 일할 수 있으리라는 계산이 나왔고, 래스킨의 하소연은 귀에 들어오지 않았다. 그는 떼를 쓰는 스티브에게 좋은 장난감을 주고 조용히 만들고 싶을 뿐이었다. 스티브는 최상위 포식자인 사자였고, 래스킨은 얼룩말 무리에서 낙오한 부상당한 얼룩말에 불과했다. 무리는 낙

오자를 뒤돌아보지 않았다. 결국 래스킨은 애플을 그만두어야
했다.

매킨토시 팀을 접수한 스티브는 리사의 실패에서 하나도
배운 것이 없었다. 리사의 개발팀은 스티브의 '모든 것을 완벽
하게'라는 비현실적인 주장에 극렬히 반대했으며 그것이 스티
브가 리사 프로젝트에서 쫓겨난 원인 가운데 하나가 됐지만
스티브는 매킨토시 팀에서도 똑같이 행동하고 있었다. 다행히
매킨토시 팀은 리사 팀과는 달랐다. 이들은 스티브가 다소 무
리한 부탁을 쏟아 내도, 마치 워즈가 애플II를 만들 때 그랬던
것처럼 스티브의 무리한 요구를 현실로 만들어 냈다. 스티브
는 3년 계획이었던 새 컴퓨터의 개발 일정을 1년 반 만에 마
치라는 식으로 팀원들을 다그쳤다. 일주일에 100시간 이상을
일해야 했지만 불만을 늘어놓는 사람은 별로 없었다. 회사를
그만두는 직원도 거의 나오지 않았다. 이들은 능력만큼이나
독특한 성격으로도 유명했는데, 스티브의 터무니없는 강요는
이들에게 가슴속에서 사명감을 불태우는 연료로 작용했다.

스티브와 리사 및 매킨토시 프로젝트를 함께 진행하다가
1982년 애플을 떠난 트립 호킨스는 스티브와 나누었던 대화
를 떠올리며 이렇게 말했다.

"스티브는 리사 프로젝트를 진행하던 시절부터 종종 '우주
에 영향을 미칠 만큼 아주 중요한 컴퓨터를 만들겠다'고 말했
다. 터무니없는 생각이었지만 인생을 즐기지 못하고 연구실에
틀어박혀 일만 하는 엔지니어들은 그런 말에 용기를 얻고 단

결한다. 스티브의 비전은 대단히 강렬했다. 그가 무엇을 믿으면 그 비전의 힘은 그 앞의 어떤 장애물이나 문제점도 단숨에 날려 버릴 정도로 강하다. 우린 돈 때문에 일한 게 아니었다. 우리는 세상을 바꾸기 위해 일했다.”

애플의 일원이 되고 스티브와 함께 일한 사람들은 그로 인해 생겨난 모든 괴로운 시간을 ‘기꺼이’ 견뎌 냈다. 세상을 바꾸기 위해 일하는데 오후 5시에 퇴근하지 못한다고 불평할 수는 없는 노릇이었다.

매킨토시 팀의 구성원들은 몹시도 독특했다. 그들은 매킨토시 팀원으로서도 훌륭한 인재였지만, 애플 바깥에서도 뚜렷한 자취를 남겼다. 스티브에게 쫓겨나다시피 회사를 그만두었던 제프 래스킨은 이후 원래 직장이었던 대학으로 돌아가 사용자 인터페이스에 대한 강의를 시작했다. 보다 더 직관적이고 편리한 사용자 인터페이스 제작 분야에서 래스킨은 명성을 날렸다. 그는 BMW 자동차의 ‘i드라이브’ 인터페이스 컨설팅도 맡았다. 이 시스템은 단순한 조그셔틀(jog & shuttle) 하나로 수십 가지 이상의 기능을 손쉽게 제어하는 시스템으로 사용자 인터페이스의 명작으로 손꼽힌다. 앞서 등장했던 트립 호킨스는 1982년 애플을 그만두고 EA라는 회사를 창업했다. 게임 분야에 관심이 있는 사람들에게 매우 유명한 이 회사는 세계에서 가장 큰 게임 회사 가운데 하나로 성장했다.

물론 스티브는 많은 사람들에게 상처를 남기기도 했다. 대표적인 사례는 버렐 스미스였다. 그는 애플의 애프터서비스 부서에서 일하던, 재능은 있지만 사교성은 부족한 괴짜 기술자였다. 그는 말하자면 작은 스티브 워즈니악이었다. 워즈처럼 복잡한 회로를 간단하게 정리해 좁은 공간에 아름답게 디자인해 넣는 일이 그의 장기였다. 스미스의 회로 디자인은 마치 마법 같아서, 매킨토시의 크기를 줄이고 외형 디자인에 융통성을 불어넣을 수 있는 핵심 기술이었다. 스티브가 매킨토시 팀을 차지했을 때 스티브에게 가장 먼저 매킨토시 시제품을 제작해 보여 준 것도 스미스였다. 그는 스티브에게 매킨토시가 리사보다 더 저렴한 가격으로 더 뛰어난 성능을 낼 수 있다고 설명했고, 실제로 이를 증명했다. 매킨토시는 리사보다 두 배나 능력이 뛰어난 데도 제조원가는 3분의 1에 불과했다.

스미스는 매킨토시에 모든 것을 바쳤다. 그리고 매킨토시가 완성된 1년 후인 1985년 그는 '터보 맥'이라는 새 프로젝트를 기획했다. 하지만 스미스의 아이디어는 채택되지 않았다. 설상가상으로 스티브는 얼토당토않은 일로 그를 모욕하기까지 했다. 매킨토시 팀의 일화를 모아놓은 포크로어(www.folklore.org) 사이트에 따르면 발단은 이랬다.

매킨토시 팀원들이 "과연 스티브가 회사에 남아 주기를 바라는 데도 불구하고 애플을 떠날 수 있는 방법이 있을까? 우리가 스티브의 집요한 설득과 말솜씨를 견뎌 내고 우리 뜻을 관철시킬 수 있을까?"라는 질문을 던지고 있을 때였다. 스미스는 자기에게 묘안이 있다며 스티브의 사무실에 쳐들어가 책상에 소변을 보면 된다고 얘기했다. 스미스의 이 호언장담은 매킨토시 팀에서 화제가 됐고, 돌고 돌아 스티브의 귀에까지 들어갔다. 어느 날 스미스가 스티브의 사무실로 찾아갔을 때 스티브는 스미스를 조롱하기 시작했다. "왜? 지금 내 사무실에서 그걸 해 보려고? 정말 할 수나 있을까?" 스티브는 순수한 호기심에 했던 말이었지만, 스미스는 심각한 모욕으로 받아들였다. "정말 제가 그러길 원하신다면, 지금 당장 해 볼까요?" 진지한 스미스의 대응에 스티브의 표정이 심하게 일그러졌고, 스미스도 더는 견딜 수가 없었다. 모욕을 당한 스미스는 짐을 쌌고, 스티브는 그를 말리지 않았다.

더 큰 문제는 그 이후에 일어났다. 수년 동안 애플에서 얻은 정신적 충격에 시달렸던 스미스는 1990년 갑자기 미쳐 날뛰며 그가 살고 있는 팰로앨토 지역 교회의 동상을 부수고 유리창을 깨뜨리기 시작했다. 병원에서는 그를 조울증으로 진단했다. 1991년 12월 스티브 잡스는 자신의 자동차 앞 유리가 깨진 것을 발견했다. 이때는 이미 스티브도 애플에서 쫓겨나 넥스트를 경영하고 있을 때였다. 스티브의 아내 로렌은 이때 낯익은 한 남자가 돌이 든 가방을 끌어안은 채 자신의 집 근처에서 서성이는 것을 발견했다. 버렐 스미스였다. 팰로앨토의 이 주택가에는 버렐 스미스를 비롯해 앤디 허츠펠드, 애플이사회의 멤버 빌 캠벨 등 스티브의 지인들이 많이 살고 있었다. 스미스의 상태는 심각했다. 스티브 가족의 유모는 스미스가 자전거를 타고 스티브의 집으로 다가와 작은 폭탄을 벽에 던져 터뜨리는 모습을 봤다고 증언했다. 스미스는 체포됐고,

법원으로부터 스티브의 집과 사무실, 자동차, 가족 및 유모의 100야드(약 91미터) 이내 접근금지 명령을 받았다.

스미스와의 관계는 좋지 않게 끝났지만, 그래도 매킨토시 팀의 상당수는 스티브에게 충성을 맹세했다. 스티브는 이런 매킨토시 팀을 해적단으로 생각했다. 물론 해적 선장은 스티브였다. 매킨토시 팀원들도 자신들을 해적단의 선원으로 생각했다. 이들은 매킨토시 팀 건물의 꼭대기에 해골 깃발을 내걸었고, 가슴에 "해적이 되자!(Let's Be Pirates!)"라고 적힌 티셔츠를 입고 다녔다. 그들은 애플에서 자신들이 해적만큼 자유로운 영혼이라고 자부했다.

## 존 스컬리와의 악연

스티브가 리사와 매킨토시, 두 가지 프로젝트에 엄청난 비용을 쏟아붓는 동안, 애플의 이사회는 신뢰할 만한 인물이 필요하다는 생각을 더욱 굳히고 있었다. 물론 이 신뢰할 만한 새로운 인물은 대주주인 스티브 잡스도 동의할 수 있는 인물이어야 했다. 그러던 어느 날, 이사회에서 한 인물의 이름이 흘러나왔다. "존 스컬리가 어떨까요?"

존 스컬리는 입지전적인 인물이었다. 그는 1970년 30세의 나이에 펩시의 최연소 마케팅담당 부사장이 됐고, 곧이어 코카콜라와의 '콜라전쟁'을 시작한 사람이었다. 스컬리는 코카콜라에 대한 선전포고와도 같았던 '펩시 세대' 캠페인을 기획했다. 그리고 펩시의 인지도를 높였으며, 펩시를 음료업계의 확고한 2인자로 안착시켰다. 이 공로로 스컬리는 애플이 애플 II를 발표한 1977년에 펩시의 최연소 CEO로 승진했다. 스티브 잡스가 실리콘밸리의 '무서운 아이'였다면, 존 스컬리는 거친 음료업계에서 최연소 기록을 거듭 경신해 가며 초특급 성공으로 잔뼈가 굵어 온 '무서운 어른'이었다.

문제는 과연 애플이 스컬리를 영입할 수 있느냐는 것이었다. 불가능해 보였지만, 스티브가 총대를 메고 나섰다. 스티브는 존 스컬리를 직접 찾아갔다. 스컬리는 당시 상황을 회고하는 인터뷰에서 이렇게 말했다.

"스티브가 고개를 들었습니다. 그리곤 저를 노려보며 말하더군요. '그럼 당신은 계속 거기에서 설탕물이나 팔고 있을 건가요, 아니면 그 회사를 그만두고 나와 함께 세상을 바꿔 볼 건가요?' 저는 그 말을 듣자마자 바로 스카우트되기로 결심했습니다."

스티브는 스컬리가 자신의 부족한 부분을 채워 줄 것으로 생각했다. 자신은 스티브 잡스였지만, 스컬리는 '음료업계의 스티브 잡스'였기 때문이었다. 또 애플에는 스컬리와 같은 마케팅 전문가가 필요했다. 게다가 스컬리는 컴퓨터에 대해서는 거의 아는 바가 없어 보였는데, 스티브는 이 점 때문에 자신이 스컬리를 쉽게 다룰 수 있다고 생각했다. 스컬리도 스티브의 속마음을 모를 리 없었다. 그는 취임 연설에서 "제가 애플로 온 단 하나의 이유는 스티브와 함께 일하기 위해서입니다"라고 강조했다. 결국 순진한 것은 스티브였다. 스티브는 비즈니스맨의 생리를 잘 알지 못했다.

애플의 방향키를 잡은 스컬리는 스티브의 꼭두각시 노릇을 할 생각이 애초부터 없었다. 게다가 밖에서 본 애플은 화려했지만, 취임 이후 내부에서 살펴본 애플의 모습은 한심하기 그지없었다. 신제품인 '애플III'는 기대와는 달리 시장에서 냉담한 반응을 얻었고, 스티브의 손을 떠나 진행된 리사 프로젝트는 애플에 재앙을 안겨줬다. 리사는 1만 달러짜리 컴퓨터였는데, 일반 소비자가에게는 물론, 주된 타깃으로 생각한 기업 시장에서조차 값이 너무 비쌌다. 기업 고객은 리사보다 불편하고 멋도 없지만 실용적이고 3,000달러로 값도 저렴했던 IBM PC를 선호했다. 스컬리의 눈에 비친 애플은 가라앉는 배였다. 함께 가라앉지 않기 위해서라도 스컬리는 애플의 주도권을 잡아야 한다고 생각했다.

당시 스티브가 선정한 광고 업체였던 샤이엇데이는 매킨토시의 제품 발표를 앞둔 1983년 가을 <블레이드 러너>와 <에일리언>으로 유명해진 SF영화감독 '리들리 스콧'에게 매킨토시의 광고 제작을 맡긴다. 스콧은 '1984년'이란 제목의 이 광고를 통해 IBM이란 대기업이 뒤늦게 개인용 컴퓨터 시장에 뛰어들어 애플과 같은 창의적인 기업이 선점해 온 시장을 IBM PC로 독점할 것이라는 주장을 표현했다. 이것은 개인의 창의성이 말살된 조지 오웰의 소설 『1984년』과 같은 시대의 서막이라는 메시지였다. 스콧은 대규모 군중이 빅브라더에게 세뇌당하는 모습을 화면에 표현해 냈고, 이들 사이로 원색의 운동복을 입은 매력적인 금발 여성이 달려가 빅브라더가 등장하는 거대한 스크린을 망치로 무너뜨리는 장면을 연출했다. 빅브라더는 IBM PC였으며, 매력적인 금발 여성은 매킨토시를 뜻했다. '블록버스터'급 광고였지만, 애플의 고위 경영진 가운데 세부 기획안을 알고 있는 사람은 스티브뿐이었다. 애플의 이사회는 이 광고에 75만 달러가 들었다는 소리를 듣고 기가 막혔다. 컴퓨터는 어디에도 없었고, IBM을 비꼬는 내용이 광고의 전부였는데도 천문학적인 제작비가 든 것이다. 더 기가 막힌 건 이 광고가 미식축구 결승전인 슈퍼볼 시합 광고에 나간다는 사실이었다. 이 광고 시간은 1회 방영에 100만 달러나 하는 가장 비싼 광고 시간이었다. 이사회는 광고 시간을 되팔고 1984년 광고를 취소하기로 했지만 방영 날짜가 얼마 남지 않아 광고 시간을 되파는 것은 불가능했다. 결국 1984년 광고는 그대로 상영되기로 했다. 행운은 스티브의 편이었다.

1984년 1월, 드디어 매킨토시가 대중 앞에 선보이게 된다. 서른을 앞둔 스티브는 마치 전쟁을 앞둔 장수의 출사표와 같은 비장한 어조로 청중 앞에서 직접 매킨토시를 소개했다.

"1958년이었습니다. IBM은 갓 태어난 작은 회사를 살 기회를 놓쳐 버렸습니다. 그 회사는 새로운 기술을 갖고 있었습니다. '제로그래피'라고 불린 기술이었습니다. 2년 뒤, 제록스가 탄생합니다. 그러자 IBM은 땅을 치고 후회합니다.

10년 뒤, 1960년대 후반이 됐습니다. 디지털이큅먼트 (DEC)와 다른 회사들이 '미니컴퓨터'를 만들어 내기 시작했습니다. IBM은 이 미니컴퓨터들을 무시했습니다. '진지한 작업을 하기엔 너무 작은 컴퓨터라 우리의 사업에 중요하지 않다'는 이유였습니다. DEC는 수십억 달러 규모의 회사로 성장했습니다. 결국 IBM은 DEC의 성공을 보고 난 뒤에야 미니컴퓨터 시장에 진출하게 됩니다.

또 다른 10년이 지났습니다. 1970년대 후반이 됐습니다. 1977년 캘리포니아의 갓 태어난 작은 회사였던 애플이 오늘날 우리가 알고 있는 최초의 개인용 컴퓨터인 '애플II'를 발표합니다. IBM은 이 개인용 컴퓨터를 무시했습니다. 역시 '진지한 작업을 하기엔 너무 작은 컴퓨터라 우리의 사업에 중요하지 않다'는 이유에서였습니다. 1980년대가 시작되고, 1981년이 되자 애플II는 세계에서 가장 유명한 컴퓨터가 됐고, 애플은 미국 비즈니스 역사상 가장 빨리 성장하는 회사라는 찬사를 받으며 3억 달러 규모의 기업이 됩니다. 50개 이상의 경쟁사가 애플의 주식을 사기 시작하자 1981년 11월, IBM은 'IBM PC'를 내놓고 퍼스널 컴퓨터 시장으로 뛰어듭니다.

1983년 애플과 IBM은 개인용 컴퓨터 산업계에서 가장 강력한 경쟁자가 됩니다. 애플과 IBM은 1983년 1년 동안에만 각자 10억 달러 이상의 컴퓨터를 판매했지만, 1984년에는 각자 5000만 달러를 연구개발에 투자했고, 추가로 5000만 달러를 TV 광고에 쏟아 부을 예정입니다. 양사의 지출 규모를 합치면 10억 달러의 4분의 1에 이릅니다. 이 정도면 산업의 침체는 불을 보듯 뻔합니다. 메이저 컴퓨터 회사 가운데 하나는 파산해야 할 것이고, 다른 회사들은 이 회사의 파산을 지켜보며 웃음 짓게 될 것입니다. 이미 1983년의 컴퓨터 산업 손실 규모 전체는 IBM과 애플이 벌어들인 이익을 합한 것보다 큰 규모로 늘어났습니다.

그리고 지금, 1984년이 됐습니다. IBM은 모든 것을 독점하고자 합니다. IBM의 탐욕을 막기 위해 남아있는 유일한 희망은 애플뿐입니다. 컴퓨터 영업사원들은 처음에는 IBM PC를 열렬히 환영했습니다. 하지만 지금은 IBM이 미래를 지배하게 될까봐 두려워합니다. 이들은 IBM에게 등을 돌리고 자신들의 자유를 지키기 위해 애플과 손을 잡기 시작했습니다. IBM은 모든 것을 독점하고자 합니다. 그들은 총을 들고 자신들의 산업 지배에 걸림돌이 될 마지막 걸림돌을 조준하고 있습니다. 그 장애물이 바로 애플입니다.

'빅 블루(IBM의 애칭)'가 컴퓨터 산업 전체를 독점한다면, 정보화 시대 전체를 지배하게 된다면, 그것은 조지 오웰이 묘사했던 '1984년'이 될 것입니다."


스티브의 열정적인 연설이 끝나자마자 무대는 다시 컴컴해졌다. 그리고 '1984년' 광고가 등장했다. 충격적인 비주얼에 압도된 청중들은 광고가 끝나고 "1월 24일, 애플컴퓨터는 '매킨토시'를 소개합니다. 그리고 당신은 우리의 1984년이 조지 오웰의 『1984년』과 다른 이유를 발견할 것입니다"라는 문구가 흘러나오자 우레와 같은 박수갈채와 함성으로 화답했다.

슈퍼볼 광고가 방영된 뒤 이 박수갈채와 함성은 미국 전역으로 퍼져나갔다. 애플은 슈퍼볼 광고 시간을 샀을 뿐이지만, 이 혁신적인 광고는 그 자체로 뉴스거리였다. 미국의 거의 모든 주요 방송사들이 애플의 광고를 뉴스 시간에 다시 소개했으며, 20개 이상의 잡지와 미국 대부분의 주요 신문이 애플의 매킨토시 출시를 주요 뉴스로 다루었다. 이 아름답고 혁신적인 제품이 1월 24일 전자제품 매장에 등장하자 전국에서 주문이 폭주했고, 매킨토시를 사려는 사람들의 줄이 컴퓨터 상점마다 길게 늘어섰다. 실리콘밸리의 젊은 왕자는 다시 무대의 전면에 등장한 것처럼 보였다.

# 어두운 실패

난 한때 세상을 지배했지. 내 말 한 마디에 바다가 출렁이곤 했네. 하지만 난 이제 아침에 홀로 나와 거리를 청소하지. 예전에 내 것이었던 그 거리를. 한 때 나는 주사위를 굴리곤 했지. 내 적들의 눈동자에 비친 공포를 느끼면서. 하지만 이제 사람들이 부르는 노래가 들려 오네. 그들은 "옛 왕이 죽었다! 폐하 만세!"라고 외치고 있네. 한 순간 열쇠는 내 손에 있었는데, 잠시 뒤 나는 벽들 사이에 갇혀 버렸네. 그리고 난 알아버렸지. 내 성을 지탱하고 있던 것은 소금과 모래로 만들어진 기둥이었다는 걸.

– 콜드플레이, '비바 라 비다(Viva la Vida)'

매킨토시의 성공적인 등장은 스티브의 권위에 더 큰 카리스마를 안겨주었다. 이제 과거에 마이크 스콧과 마이크 마쿨라에게 보고하던 사람들이 모두 스티브와 이야기를 하고 싶어 했다. CEO는 존 스컬리였지만, 애플의 실질적인 운영자는 스티브인 것처럼 보였다. 스컬리는 스티브의 조언자 역할을 할 마음이 있었으나, 스티브는 스컬리의 조언을 귀찮게 여겼다. 스티브에게 스컬리는 마케팅 전문가일 뿐이었다. 그리고 당시의 스티브 옆에는 스컬리보다 훨씬 뛰어난 마케팅 전문가가 있었다.

그 전문가는 8년 전 무일푼으로 찾아와 자신을 고객으로 받아달라고 떼를 썼던 젊은이에게 섬세한 손길로 왕자의 옷을 재단해 입혀 준 바로 그 사람, 레지스 매키너였다. 애플II는 혁신적인 제품이기는 했지만 엄밀히 말하자면 이미 수많은 경쟁자를 갖고 있었던 흔한 개인용 컴퓨터 제품 가운데 하나였다. 매키너는 이 부분을 살짝 손봤다. 그는 애플II를 세계 최초의 개인용 컴퓨터로 홍보했고, 잘 생긴 20대의 억만장자 스티브 잡스를 세계 최초의 개인용 컴퓨터를 발명한 천재로 포장했다(사실 이 수식어에 어울리는 사람은 스티브 워즈니악이었다). 매키너는 이런 식의 마케팅 전략을 마련하는 데 천재적인 사람이었다. 그는 인텔을 '세계 최초의 마이크로프로세서를 개발한 회사'로 포장했고(인텔과 텍사스인스트루먼트, 가렛 등이 거의 동시에 개발했다), 제넨텍을 '세계 최초의 유전자조작 상품을 개발한 회사'로 알렸으며, 바이트숍에게 '세계 최초의 컴퓨터 소매점'이라는 칭호를 안겨주었다. 엄밀히 따지고 들자면 이 말은 모두 거짓에 가깝다. 하지만 누구도 그런 데 신경 쓰지 않았다. 마케팅은 마케팅이었고, 매키너의 손길은 승자를 더욱 빛나게 하는 후광과도 같은 것이었다.

스티브의 권위를 '사이비 교주'의 수준으로까지 올려놓아준 또 하나의 힘은 바로 애플의 충성스런 팬들이었다. 가이 카와사키라는 사람은 이런 충성스런 팬의 대표 격에 해당했는데, 결국 애플의 마케팅팀에 입사해 '애플 에반젤리스트'라는 직책까지 얻었다. 하와이의 일본계 이민 가정 출신인 카와사키는 스탠포드에서 학부를 마치고 졸업 후 UC데이비스 로스쿨에 진학한 수재였지만, 부모의 뜻대로 변호사가 되고 싶은 생각은 전혀 없었다. 그는 로스쿨을 그만두고 UCLA에서 MBA 코스를 마치며 애플II를 사용했다. 이때부터 애플 제품에 매료된 카와사키는 스탠포드 시절 룸메이트의 소개로 애플에 입사했고, 애플의 새 컴퓨터 매킨토시를 처음 본 뒤에는 말그대로 '복음'을 들었다. "구름이 걷히고 천사들이 노래 부르는 소리를 들었다"는 것이 그의 설명이다.

이후 카와사키는 '세계를 지배하고 있는 사악한 IBM'에 맞선 '도전자 애플'의 메시지를 세상에 널리 퍼뜨렸다. 각종 소비자 행사와 마케팅 활동, 여러 기고문 등을 통해 얼리어답터 고객들 사이에서 애플의 이미지를 젊고, 반항적이며, 혁신적인 이미지로 유도한 것이다. 이른바 '에반젤리즘'이라고 불리는 이런 마케팅 방식은 향후 인텔, 마이크로소프트 등 실리콘밸리의 여러 기업으로 퍼져나갔다.

하지만 모든 것은 허상에 가까웠다. 시간이 지날수록 매킨토시의 마케팅 효과는 사라져 갔다. 그리고 결국 중요한 것은 제품이었다. 매킨토시는 무엇보다 IBM 비교해 값이 비쌌으며, 응용프로그램도 적었고, 애플II나 IBM PC와는 달리 확장 슬롯을 통한 업그레이드도 불가능했다. 매킨토시의 매출은 1984년 내내 하락했다. 매킨토시의 초기 인기는 처음 시장에 나왔을 때 누린 '반짝 특수'였을 뿐이라는 것이 여러 지표에서 명백해졌다.

더욱 심각한 것은 내분이었다. 애플의 모든 수익은 매킨토시가 아니라, 스티브 워즈니악이 만들고 마이크 스콧과 존 스컬리를 비롯한 애플의 경영진이 발전시켜 온 애플II 시리즈 생산라인에서 생기고 있었다. 그런데도 화려한 스포트라이트는 스티브와 스티브의 매킨토시 팀이 독차지했다. 더구나 스티브는 매킨토시의 판매가 악화일로를 걷는 동안에도 파티의 여흥에서 벗어나지 못했다. 스티브는 사기가 떨어지는 팀원들을 독려한다는 이유로 사내 상영용 비디오를 제작하는데 5만 달러를 아낌없이 썼고, 하와이로 모든 팀원들을 데려가 워크숍을 열기도 했다.

애플의 상황은 점점 심각해졌다. 엎친 데 덮친 격으로 애플II 시리즈의 새 모델인 '애플IIc'의 판매마저 주춤거리기 시작했다. 이 모든 위기를 뒤집어 줄 차기 제품은 더 이상 없었다. 스티브와 가장 가까웠던 초기 멤버들 가운데에서도 애플의 미래를 위해 매킨토시 팀을 손봐야 한다는 의견이 나오기 시작했다. 발단은 마케팅 이사 마이크 머리였다. 스티브의 오른팔 격이었던 머리는 존 스컬리와 레지스 매키너에게 매킨토시 팀에 새 사람을 임명하는 것이 좋겠다는 의견을 밝혔다. 다른 사람도 아닌 스티브와 가장 가깝기로 소문난 머리가 그렇게 말을 할 정도라면 심각한 상황이라는 것은 의심의 여지가 없었다. 스티브의 신화를 써 주었던 매키너도 머리의 결정을 존중했다. 스컬리는 말할 것도 없었다.

1985년 4월 11일, 드디어 이사회가 움직였다. 투자자들은 존 스컬리에게 CEO로서 분명한 책임감을 갖고 회사를 운영해 달라고 주문했다. 스컬리는 기다렸다는 듯 스티브에게 회사의 전권을 자기에게 넘기고 매킨토시 팀에서 손을 떼라고 요구했다. 그리고 스티브의 후임으로 장 루이 가세라는 프랑스인을 선임하겠다고 밝혔다. 이사회에서 스티브의 편을 들어 준 사람은 아무도 없었다. 단 몇 분 만에 스티브는 매킨토시 팀에서 쫓겨났고, 아무런 권한도 없는 부서로 발령을 받았다. 애플의 모든 권한은 스컬리의 손 안에 들어갔다.

무력하게 당하고만 있을 스티브가 아니었다. 그는 분노에 치를 떨면서 면밀히 계획을 세웠다. 맨 처음으로 매킨토시 팀의 새 지휘자로 부임한 가세를 매킨토시 팀장 대신 마케팅 이사로 발령했다. 쿠데타의 동기를 제공했던 머리의 자리였다. 머리는 순식간에 자기 자리를 빼앗긴 채 사업개발 부사장이라는 새 직책에 임명됐지만, 이 자리에는 아무런 구체적인 역할이 없었다. 스티브는 두 번째 상대로 진짜 적수였던 존 스컬리를 골랐다. 스티브는 스컬리가 중국 출장을 떠나 있는 틈을 노렸다. 그는 이사회 임원들을 하나씩 포섭해 자신의 편을 들어 줄 것을 요구했다. 하지만 그 과정에서 정보가 새고 말았다. 장 루이 가세가 문제였다. 애플의 프랑스 지사장이던 가세는 스티브와 오랜 시간을 같이 보낸 적도 없었고, 스티브에게 충성을 바치는 타입도 아니었다. 그는 애플이라는 회사에 충성했지, 스티브 잡스에게 충성하는 사람이 아니었다.

가세는 회사의 법률고문에게 스티브의 쿠데타 음모를 알렸다. 이는 곧바로 CEO였던 존 스컬리에게 전달됐다. 이후 스티브와 스컬리의 사이는 마주보고 달리는 열차처럼 변해 버렸다. 스티브는 끊임없이 스컬리를 쫓아낼 음모를 꾸미고 있었고, 스컬리는 자신의 불안한 위치와 스티브의 분노를 잘 알고 있었다.

결국 먼저 칼을 빼든 쪽은 스컬리였다. 그는 임원 한 명 한 명에게 각각 전화를 걸어 자신의 심경을 차분히 설명했다. 그리고 자신과 스티브 가운데 한 명을 택해 줄 것을 부탁했다. 스컬리의 전화를 받은 임원들은 스컬리의 의견에 동의했다. 그것이 끝이었다. 스컬리는 스티브에게 전화를 걸어 이사회가 투표를 통해 스티브를 애플에서 쫓아낼 것이라고 통보했다.

더 이상 애플에 스티브를 위한 자리는 없었다. 스티브의 문제점을 지적했던 최초의 인물이었던 마이크 머리의 자리도 함께 사라졌다. 존 스컬리는 스티브의 친구를 회사의 중요한 위치에 남겨 두고 싶지 않았다. 결국 머리는 애플을 그만두고, 애플의 최대 경쟁사가 된 마이크로소프트로 자리를 옮긴다.

애플에서 쫓겨난 스티브는 이후 언론과 가진 인터뷰에서 스컬리에 대해 이렇게 말하곤 했다.

"제가 사람을 잘못 뽑았던 거죠. 스컬리는 제가 10년 동안 애플에서 일궈 낸 모든 것들을 파괴했어요."

스티브가 이 사건으로 겪은 충격은 매우 컸다. 그는 애플에서 쫓겨난 지 얼마 지나지 않아 애플의 주식을 차례차례 팔기 시작했다. 애플의 주가가 많이 떨어지긴 했어도, 무려 1억 달러가 넘는 가치를 가진 주식이었다. 그리고 그는 새로운 모험을 결심했다. 주머니에는 주식을 팔아 마련한 1억 달러가 있었으며, 골프나 치며 소일하기에는 그는 여전히 젊었다. 이때까지도 스티브 잡스가 가장 좋아하는 모험은 세상을 바꿀 수 있는 컴퓨터를 만드는 일이었다. 애플II가 그랬고, 매킨토시가 그랬듯.

스티브가 새 회사를 세우기 위해서는 능력 있는 인재가 필요했다. 그는 그런 사람을 잘 알고 있었다. 버드 트리블, 매킨토시 팀의 소프트웨어 개발자였다. 트리블 또한 누가 애플에서 스티브의 새 회사로 넘어갈 수 있을지 잘 알고 있는 사람이었다. 바로 관료화된 애플의 기업문화에 숨통이 막혀 버린 개인주의적 성향의 엔지니어들이었다. 이들 가운데 상당수는 애플에서 편하게 월급을 받기보다는 개발자로서 자신의 이름을 남기고 싶어 했다. 그러기에는 애플보다 스티브의 새 회사가 훨씬 더 매력적이었다.

하지만 애플의 입장에서 본 스티브의 창업은 일종의 위협이었다. 스티브는 애플의 수석엔지니어 두 명과 고위 관리자 두 명을 포함한 회사의 핵심인재 상당수를 빼내어 새 회사를 창업했기 때문이다. 그때까지도 스티브는 애플 이사회의 회장이었다. 애플로서는 내부에서 일어난 반란군에 직면한 셈이다. 애플은 즉각 응전태세를 갖추었지만, 애플의 아버지가 자신이 만든 회사를 버린다는 사실에 충격을 받은 직원들의 동요를 막을 수는 없었다. 실리콘밸리의 신문들은 스티브와 애플의 결별을 주요 뉴스로 다루기 시작했다.

며칠이 지난 후 스티브는 새 회사의 이름을 발표했다. 넥스트(NeXT)였다. 분노한 스컬리는 스티브 잡스를 상대로 소송을 걸었다. 하지만 스티브는 여유 있게 이 소송을 받아넘겼다.

"직원이 4,300명에 이르는 20억 달러 규모의 대기업(애플)이 청바지나 입고 다니는 직원 여섯 명짜리 회사(넥스트)와 경쟁하기 힘들 거라고 생각하다니, 믿을 수가 없다."

소송이 본궤도에 오르기도 전에 언론은 스티브 잡스의 편에 서 있었다. 스티브는 '골리앗과 경쟁하는 다윗'의 위치에 스스로를 올려놓는 데 탁월한 재주를 갖고 있었고, 스컬리에게는 그런 재주가 없었다. 결국 소송은 조용히 취하됐고, 스티브는 1986년 초에 연례보고서를 받아보기 위한 한 주를 남기고 모든 애플 주식을 팔아 치웠다.

스티브는 새로 태어난 산업의 아버지가 됐고, 그 세계의 젊고 힘찬 왕자가 됐다. 하지만 첫 승리 이후 그는 아무 것도 지켜 내지 못했다. 리사 프로젝트는 자신보다 훨씬 노련한 비즈니스계의 귀족들에게 빼앗겼고, 결국에는 이들에 의해 자신이 세운 왕국에서 쫓겨났다.

## 스티브의 작은 왕국, 넥스트

넥스트는 패배자 스티브가 건설한 새로운 왕국이었다. 그에게는 아직 1억 달러가 넘는 현금이 있었고, 애플을 등지고 스티브를 택해 준 충성스럽고 유능한 직원들이 있었다. 게다가 그가 지금 넥스트를 통해 이루려는 새로운 신화는 어린 시절부터의 꿈이었다. 그는 자신의 성공이 어릴 적 에임즈의 나사 연구소에서 처음 컴퓨터를 만나며 느꼈던 설레는 감정 덕분이라고 생각하고 있었다. 이제 다른 아이들이 자신과 같은 기회를 가져야 한다는 것이 스티브의 신념이었다. 넥스트의 꿈은 '미래의 스티브 잡스'를 위한 교육용 컴퓨터였다.

새로 개발될 넥스트의 컴퓨터는 스티브의 오랜 꿈을 모두 반영한 완벽한 기계로 구상됐다. 강력한 성능은 물론, 매킨토시보다 훨씬 뛰어나고 사용하기 편한 GUI가 필요했으며, 디자인 또한 매끈해야 했다. 한마디로 넥스트의 컴퓨터는 컴퓨터 시장의 포르쉐여야 했다.

넥스트의 엔지니어들은 스티브의 의욕에 함께 고무됐다. 그들은 단순한 컴퓨터를 개발하는 것이 아닌, 말 그대로 이전과는 전혀 차원이 다른 새로운 컴퓨터를 만들고 있었다. 이는 성공할 경우 그들에게 개발자로서 누릴 수 있는 가장 큰 영예가 주어진다는 것을 뜻했다. "컴퓨터의 포르쉐라니!" 이들은 과거에 그랬듯 또 한 번 스티브의 마술에 빠져들었다.

하지만 개발이 쉽게 진행된 것은 아니었다. 애플에서 쫓겨나면서도 스티브는 여전히 아무것도 배우지 못했다. 애플에서 스티브가 실패했던 이유는 매킨토시의 성능이 떨어졌기 때문이 아니었다. 애플의 비즈니스 전문가들은 스티브의 터무니없는 이야기를 문제 삼았다. 스티브는 매킨토시의 예상 판매량을 주먹구구로 계산했고, 터무니없이 낙관적인 전망을 늘어놓곤 했다. 너무 낙관적이지 않느냐는 우려가 나오면 스티브는 길길이 뛰면서 상대방을 "컴퓨터에 대해서는 아무것도 모르는 사람들"로 매도하고 무시했다. 누가 뭐래도 그는 '개인용 컴퓨터의 창시자'였기 때문에 그의 말에는 권위가 있었다. 하지만 바로 그 권위가 문제였는데, 스티브는 여전히 자신의 문제점을 돌아볼 만큼 성숙하지 못했다.

넥스트에서도 아무것도 달라진 것이 없었다. 이 회사에는 스컬리도, 마이크 마쿨라도 없었고, 스티브가 신제품 개발이라는 능력을 발휘하는 데 방해가 될 걸림돌이 전혀 없었다. 하지만 스티브는 CEO로서의 역할을 통해 보다 엄밀한 판매계획을 수립하고, 철저한 시장조사를 하는 대신 엉뚱한 데 돈을 써댔다.

넥스트는 회사 문을 열기도 전에 기업 아이덴티티를 위한 로고 디자인부터 시작했다. 스티브가 생각하기에 넥스트는 철학적인 느낌을 주어야 했으며, 애플보다 멋진 이미지를 가져야 했다. 그러자면 로고 디자인이 중요했다. 이를 위해 스티브는 예일대에서 그래픽 디자인을 가르치던 기업 CI 디자인 전문가 폴 랜드에게 디자인을 맡겼다. 랜드는 스티브의 마음을 사로잡은 사각형 박스에 'NeXT'를 새겨 넣은 로고를 제작해 주었는데 스티브는 이 로고에 수천 달러를 쏟아붓는 것을 전혀 아까워하지 않았다.

넥스트 건물 중앙의 계단도 프리츠커 건축상 수상자인 저명한 건축가 I. M. 페이가 설계한 것이었다. 스티브는 이 계단을 만드는 데 아낌없이 100만 달러를 쏟아 부었다. 생산라인과 제품 그 자체도 크게 다르지 않았다. 창의적인 공간에서는 창의적인 제품이 나오지만, 허영과 사치, 낭비로 가득한 공간에서는 허영과 사치, 낭비로 가득한 제품이 나오는 법이었다.

스티브는 넥스트를 생산할 공장을 설계하기 위해 사람의 손이 전혀 필요하지 않은 최첨단 자동화 설비를 들여놓았다. 수요조사도 제대로 하지 않은 채 하루 수백 대의 넥스트 컴퓨터를 생산할 수 있는 설비부터 들인 셈이었는데, 넥스트는 공식적으로 회사가 사라지는 마지막 순간까지 단 한 번도 이 공장을 능력껏 가동할 만한 양의 주문을 받아 내지 못했다.

그럼에도 불구하고 언론은 스티브에게 우호적이었다. 젊은 재벌은 무려 3년 동안이나 아무런 신제품도 내놓지 않았지만, 컴퓨터 전문지와 샌프란시스코의 지역 신문은 스티브와 넥스트의 이야기를 주기적으로 기사화해 주었고, 등장하지도 않은 넥스트에 대해 기대 섞인 전망을 내놓고 있었다. 심지어 EDS의 창업자이자 GM의 이사였던 로스 페로가 "나는 재능에 투자한다"며 주변의 만류를 뿌리치고 스티브 잡스에게 투자하기도 했다.

1989년 마침내 넥스트의 첫 컴퓨터인 '큐브'가 '넥스트스텝'이라는 넥스트가 개발한 독자적인 운영체제를 사용해 시장에 첫선을 보였다. 이즈음 일본의 프린터 제조사 캐논이 넥스트의 주요 투자자로 합류했다. 로스 페로 이후 두 번째의 의미 있는 투자자였다. 하지만 넥스트의 큐브는 전혀 인기를 끌지 못했다. 디자인은 혁신적이었지만, 여전히 흑백 모니터를 사용하고 있었으며, 사용할 만한 소프트웨어도 제한돼 있었다. 넥스트스텝이라는 혁신적인 운영체제는 하드웨어의 독특함에 가려 제빛을 내지 못했다.

그렇게 넥스트는 아무런 성과도 내지 못한 채 스티브의 엄청난 재산을 조금씩 갉아먹기 시작했다. 하지만, 사실 이건 약과였다. 더 큰 골칫거리는 샌프란시스코로부터 한참 더 남쪽으로 내려가야 하는 로스앤젤레스에서 자라나고 있었다.

## 픽사의 탄생

1974년 앨비 레이 스미스라는 뉴욕대 교수에게도 스티브 잡스처럼 인생을 바꾸는 경험을 할 기회가 생긴다. 바로 잡스가 GUI와 마우스, 객체지향형 프로그래밍, 인터넷 등의 단초를 얻었던 그곳, 제록스의 팰로앨토 연구소(PARC)에서 컴퓨터 그래픽이라는 새로운 세계를 접할 기회가 생긴 것이다. 붓과 캔버스를 컬러 모니터와 메모리가 대신하는 새로운 세계는 앨비를 흥분시켰다.

한편 유타에서는 에드윈 캣멀이라는 사람이 일자리를 구하고 있었다. 에드윈 캣멀은 어린 시절을 디즈니 애니메이션에 푹 빠져 보낸 만화광이었지만 물리학과 컴퓨터 공학을 전공했다. 에드는 이런 자신의 특성 덕분에 막 생겨나기 시작한 컴퓨터 그래픽 분야에 흥분하고 있었다. 만화광인 자신의 흥미와 컴퓨터 공학이라는 자신의 전공이 가장 성공적으로 융합될 수 있는 분야가 바로 컴퓨터 그래픽이었기 때문이다. 하지만 유타 대학은 결코 컴퓨터 공학의 중심지가 아니었다.

이들은 알렉산더 슈어라는 별난 백만장자가 세운 뉴욕공과대학(NYIT)에서 서로 만났다. 슈어는 미래의 월트 디즈니가 될 꿈을 꾸고 있었고, 이를 위한 컴퓨터 그래픽 연구에 아낌없이 투자했다. 앨비와 에드는 슈어가 찾아낸 뛰어난 인재였다. 이들은 슈어의 연구소에서 오늘날의 컴퓨터 그래픽 작업의 모체가 되는 중요한 기술적 진전을 이루어 냈다. 이들이 만들어 낸 영상에 대한 소문은 미 대륙을 횡단해 할리우드까지 퍼져 나갔다.

1977년은 애플II가 세상에 등장해 센세이션을 불러일으켰던 해였다. 같은 해, 애플보다 훨씬 더 유명하고 널리 알려진 미국의 문화상품이 등장했다. 바로 <스타워즈>라는 공상과학 영화였다. 이 영화는 실감나는 우주전쟁의 영상과 광선검을 휘두르며 정의를 수호하는 제다이 기사들의 활약 모습으로 인기를 끌었는데, 당시의 기술에서 이런 모습은 매우 구현하기 어려운 장면들이었다. 스타워즈의 감독이었던 조지 루카스는 미니어처 우주선을 움직여 가며 레이저 광선을 필름의 광선검 자리에 손으로 직접 그려 넣는 지난한 작업에 환멸을 느껴야 했다. 그때 마침 컴퓨터 산업의 발전과 함께 컴퓨터 그래픽이라는 바람이 불기 시작했다. 신기술에 누구보다 열성적이었던 루카스는 이 컴퓨터 기술을 이용해 단순 반복 작업에 불과한 특수효과를 간단하게 처리할 수 없을지 궁리하기 시작했다. 그때 그에게도 소문이 들려왔다. 뉴욕에서 대단한 일이 벌어지고 있다는 것이었다.

루카스는 <스타워즈>의 두 번째 시리즈인 '제국의 역습'을 제작 중이었다. 한시라도 빨리 악몽 같은 단순작업을 컴퓨터가 해결해 주었으면 싶었던 그는 앨비와 에드를 할리우드로 초청했다. 한편 앨비와 에드는 이때 이미 슈어의 연구소가 가진 한계를 깨닫고 있었다. 슈어는 '제2의 월트 디즈니'가 되고자 했지만, 아무것도 아는 것이 없었다. 외부에서 인재를 끌어모으기는 했어도 슈어에게는 스토리나 캐릭터, 영화 작업의 노하우 등에 대한 이해가 전혀 없었다. 그는 그저 물주에 불과했다. 앨비와 에드에게는 예술 작업을 위한 할리우드의 공기가 절실했다.

　루카스는 이들을 채용해 작은 사무실을 내줬다. 슈어가 마련해 준 연구소가 호화저택이었다면, 루카스가 마련해 준 '루카스 필름 컴퓨터 그래픽 부문'의 사무실은 마구간 수준이었다. 하지만 이들은 '컴퓨터로만 제작된 장편 애니메이션'이라는 꿈에 한 걸음 더 다가섰다는 사실만으로도 대만족이었다. 이곳에서 앨비와 에드는 더 큰 기술적 진전을 이루어 냈다. 현실에서는 불가능할 것 같은 3차원 이미지를 재현했고, 실제보다 더 실제 같은 정교한 이미지도 만들어 냈다. 루카스는 이들의 작업을 본 이후부터 자신의 영화 속에 더 많은 컴퓨터 그래픽을 사용하기 시작했다.

　할리우드로 건너 온 앨비와 에드는 이후 그들과 스티브 잡스의 인생에 있어 매우 중요한 역할을 할 한 사람과 새로 만났다. 이 만남이 바로 그들이 뉴욕에서 로스앤젤레스로 건너온 이유이기도 했다. 이 사람이 바로 디즈니의 젊은 애니메이터 존 래스터였다. 래스터는 당시 디즈니 스튜디오에서 높은 벽을 느끼고 있었다. 그는 매우 뛰어나고 창의적인 예술가인 동시에 논리적이고 엄정한 기술자의 자질을 갖춘 매우 드문 인재였지만, 디즈니 스튜디오에서는 기술에 대한 래스터의 열정에 대해 아무런 관심이 없었다. 디즈니의 높은 양반들에게 컴퓨터란 그저 타자기를 대신하거나, 회계 관리에나 사용하는 도구일 뿐이었다. 더욱이 '붓과 캔버스를 대신할 수 있는 제품'이란 건 디즈니 사람들에게는 밥그릇을 위협하는 존재처럼 여겨졌다. 에드와 앨비는 래스터라는 재능 있는 친구가 디즈니에서 불만을 갖고 있다는 소식을 들었다. 기술을 이해하는 진짜 예술가는 '루카스 필름 컴퓨터 그래픽 부문'에 필수적인 존재였다. 에드와 앨비의 팀에는 기술자는 많았지만, 능력 있는 예술가가 없었기 때문이다.

그런데 1983년에 일어난 한 개인의 가정사가 앨비와 에드, 래스터의 운명을 변화시켰다. 조지 루카스가 아내 마샤와 이혼했던 것이다. 캘리포니아 법률에 따르면 마샤는 루카스의 재산 가운데 절반을 요구할 수 있었다. 문제는 루카스의 재산 대부분이 현금이 아니라 소유하고 있는 회사였다는 데 있었다. 위자료를 지급하기 위해서는 갖고 있는 회사를 파는 것밖에는 도리가 없었다. 그리고 루카스에게 가장 덜 중요한 회사는 바로 앨비와 에드가 근무하는 컴퓨터 그래픽 부문이었다.

1985년 넥스트 설립 준비가 한창이었던 스티브 잡스에게도 루카스의 이혼 소식과 그가 회사를 팔려 한다는 소문이 들려왔다. '루카스 필름 컴퓨터 그래픽 부문'이 분리돼 매물로 나와 있는데, 이 회사는 나사(NASA)에서나 사용할 법한 고성능 컴퓨터와 소프트웨어를 스스로 개발해 사용하고 있다는 것이었다. 스티브는 직접 할리우드에 찾아가 보기로 했다.

스티브가 본 '루카스 필름 컴퓨터 그래픽 부문'의 외양은 누추하기 그지없었다. 하지만 그 안에 들어 있는 내용은 완전히 새로운 것이었다. 에드와 앨비가 이루어 놓은 컴퓨터 그래픽은 지금까지 스티브가 보아 왔던 컴퓨터의 이미지와는 수준이 달랐다. 스티브는 이 인재들과 이들이 개발한 시스템, 소프

트웨어 전체를 모두 사들이고 싶었다. 하지만 루카스가 요구
했던 것은 3,000만 달러였다. 아직 스티브에게는 충분한 현금
이 있었지만, 그렇다고 루카스가 부르는 값을 모두 줄 생각은
전혀 없었다. 그는 루카스가 시간에 쫓기고 있다는 사실을 잘
알고 있었다. 스티브는 협상을 질질 끌었다. 루카스가 지칠 때
까지 버티면서 루카스가 협상을 포기하려 들면 다시 구슬려
협상을 시작하는 식이었다. 결국 계약이 마지막으로 체결됐을
때 스티브가 지불한 금액은 약 1,000만 달러 수준이었다. 초
기 금액의 3분의 1에 회사를 사들인 셈이었다.

에드와 앨비의 팀은 무지몽매한 백만장자 알렉산더 슈어의
손에서 태어나 할리우드의 거물 조지 루카스 아래에서 성장했
으며, 이번에는 세상 무서운 줄 모르는 철없는 컴퓨터 부자의
손 아래로 들어갔다. '루카스 필름 컴퓨터 그래픽 부문'은 이
제 더 이상 사업부가 아니라 새로운 신생 회사였다. 이 새 회
사에는 새 이름이 필요했다. 앨비 레이 스미스가 점(點)을 뜻하
는 '픽셀(pixel)'을 동사형처럼 변경한 '픽서(Pixer)'라는 이름을
아이디어로 내놓았다. 결국 마지막으로 결정된 이름은 '픽사
(Pixar)'였다. 스페인어 동사형의 느낌을 주는 이름이었다. 이때
가 1986년이었다.

픽사는 처음부터 문제가 많은 회사였다. 스티브는 픽사를
인수했을 때, 이 회사를 컴퓨터 제조회사로 판단하고 있었다.
그는 픽사가 개발한 컴퓨터 그래픽 제작용 고성능 컴퓨터를
넥스트가 생산하는 컴퓨터처럼 연구기관이나 대학 등에게 판

매하고자 했다. 물론 픽사가 사용하던 자체 개발 컴퓨터는 나사에서 사용해도 좋을 법한 최고급 컴퓨터였지만, 이 컴퓨터는 컴퓨터 그래픽 제작이라는 특수한 작업을 위해 특별히 개발된 제품이었다. 다른 사용자를 위해 사용하기 편하게 만들어진 대량 생산품이 아니었던 데다, 가격도 엄청나게 비싸 판매 가능한 시장은 거의 없었다. 게다가 픽사에는 돈이 들어갈 일이 굉장히 많았다. 컴퓨터 그래픽 제작이란 예나 지금이나 돈과 시간과의 싸움이었다.

## 암울한 나날들

1988년 넥스트는 단 한 대의 컴퓨터도 판매하지 못했고, 픽사 또한 돈만 축내는 처지였다. 스티브는 억만장자였지만, 그렇다고 재산이 무한정 많았던 것은 아니었다. 결국 스티브는 픽사를 구조조정하기로 결심했다. 그에게 중요한 사업은 컴퓨터 비즈니스였고, 지켜야 할 회사는 애플에게 보기 좋게 한 방 먹일 수 있는 전진기지였던 넥스트였다. 픽사의 컴퓨터 그래픽은 넥스트와 비교하자면 일종의 취미생활에 가까웠다.

하지만 모든 비용을 줄이고, 앨비와 에드, 래스터가 '우리보다 나은 직원을 뽑자'며 심혈을 기울여 선발한 픽사의 인재들을 내보내면서도, 결코 줄일 수 없는 비용이 있었다. 바로 컴퓨터 그래픽 분야 최대 박람회인 시그라프 행사에 출품할 단편 애니메이션 제작이었다. 픽사는 이 행사에 단편 애니메이션을 출품하면서 인지도를 넓히고 명성을 쌓고 있었다. 게다가 향후 장편 애니메이션을 만들기 위해서는 이런 식으로 인지도를 넓히는 것이 매우 중요한 사전 마케팅이었다.

존 래스터는 스티브가 이 분야의 예산을 줄이지 못하도록 하기 위해 상세한 스토리보드를 준비해 프레젠테이션을 진행했다. 래스터는 훌륭한 애니메이터였고, 애니메이션 감독이었으며 동시에 훌륭한 연기자이기도 했다. <양철 장난감(Tin Toy)>이란 제목의 이 애니메이션 스토리보드를 설명하기 위해 래스터는 여러 역할을 직접 연기해 가며 스티브를 사로잡았다. 결국 스티브는 지갑을 열었다. 래스터의 연기와 스토리보드가 훌륭하기도 했지만, 래스터의 팀은 컴퓨터 그래픽을 이용한 광고 제작을 통해 얼마간의 매출을 올리는 픽사의 드문 수익원이기도 했다. 이 정도의 열의를 무조건 가로막을 수는 없는 노릇이었다. 결국 <양철 장난감>은 대성공을 거두었다. 이 단편 애니메이션은 평단의 뜨거운 호응을 얻었으며, 몇 달 뒤에는 아카데미 시상식에서 단편 애니메이션 부문에서 수상했다. 그리고 스티브는 엔딩 크레디트에 제작자로 이름을 올렸다. 아카데미 시상식에서 박수를 받는 경험은 스티브가 픽사에 대한 생각을 바꾸는 중요한 계기가 됐다.

애니메이션 분야에서의 뛰어난 기술적 발전에도 불구하고 픽사의 적자는 감당하기 힘든 규모로 불어났다. 한 달에 100만 달러씩 적자를 보는 상황이 이어졌다. 넥스트의 상황 또한 크게 다르지 않았다. 넥스트의 컴퓨터 '큐브'는 누구도 찾지 않는 실패한 컴퓨터로 기록됐다. 결국 스티브는 픽사의 하드웨어 판매 부문을 비콤이라는 회사에게 넘기고 말았다. 픽사에서 수익을 내는 것은 스티브의 생각과는 달리 하드웨어가 아니었다. 픽사가 조금이라도 매출을 올리고 있던 부문은 앨비와 에드가 개발한 '렌더맨'이라는 컴퓨터 그래픽 소프트웨어와 존 래스터가 이끄는 애니메이션 팀뿐이었다. 스티브는 애플과 넥스트에서 올바른 판단을 많이 내려 왔던 유능한 경영자였지만, 픽사에서는 전혀 그렇지 못했다. 그는 할리우드와 실리콘밸리의 중간지대에 서 있는 이 완전히 새로운 범주의 회사를 소유하고 있었으나, 이 회사를 이해하지는 못했다.

설상가상으로 픽사의 공동 설립자였던 앨비 레이 스미스가 회사를 떠났다(픽사를 창업할 때 앨비와 에드는 각각 4퍼센트의 지분을 가졌고, 스티브는 나머지 92퍼센트의 지분을 소유해 공동창업자로 이름을 올렸다). 이유는 스티브의 유아기적인 나쁜 버릇 때문이었다. 스티브는 회의 때 화이트보드를 독점하는 버릇이 있는데, 그날도 스티브는 화이트보드에 여러 이야기를 적어 가며 픽사의 직원들 앞에서 강의를 벌이고 있었다. 하지만 픽사의 사람들은 넥스트의 사람들과는 달랐다. 넥스트에서 스티브는 개인용 컴퓨터의 창시자이고, 실리콘밸리의 해적 선장이라는 거부할 수 없는 권위도 갖고 있었다. 하지만 픽사에서는 아니었다. 이곳에서 진정한 권위는 컴퓨터 그래픽에 청춘을 꼬박 바쳐 온 앨비와 에드, 애니메이션의 귀재 존 래스터에게 있었다. 스티브는 그저 기계밖에 모르는 철부지에 불과했다. 이날 앨비는 스티브의 주장이 몹시 거슬렸다. 그는 스티브가 컴퓨터 그래픽 기술에 대해 잘못된 설명을 늘어놓자 스티브의 화이트보드 앞으로 걸어가 매직펜을 들고 그의 주장에 대해 조목조목 반박했다. 이후 이어진 것은 스티브의 호통이었다. 스티브는 자신보다 11살이나 나이가 많고, 컴퓨터 그래픽에 대해서는 비교할 수 없을 만큼 깊은 지식을 갖고 있는 앨비에게 무례한 언사와 모욕적인 폭언을 소나기처럼 쏟아부었다. 이날 앨비는 견딜 수 없을 정도로 깊은 상처를 받았다. 결국 그는 픽사를 떠나기로 결심했다. 스티브의 이어진 대응은 이해할 수 없을 만큼 유치했다. 스티브는 픽사의 홈페이지에서 앨비가 등장하는 부분을 모두 지워 버렸다. 앨비 레이 스미스는 오늘날의 픽사를 만든 1등 공신이었음에도 불구하고, 스티브 잡스는 그를 마치 존재하지 않았던 사람인 양 취급해 버렸던 것이다.

자금난을 겪고 있으며, 창업자마저 떠나 버린 위기의 픽사에게 남은 마지막 희망은 디즈니였다. 디즈니가 홍보와 배급을 맡고 자금을 댈 테니 픽사가 디즈니를 위해 장편 애니메이션을 제작해 달라는 제안이 들어왔던 것이다. 래스터의 단편 애니메이션이 거둔 성공 덕분이었다. 이제 공은 스티브에게로 넘어왔다. 제프리 카첸버그를 설득해 픽사에게 제작비를 지원하도록 하는 협상이 필요했기 때문이다.

스티브는 과거에 넥스트 컴퓨터를 팔기 위해 카첸버그와 만나 본 경험이 있었다. 넥스트 컴퓨터를 팔기 위해 디즈니를 찾아간 스티브는 카첸버그에게 "이 컴퓨터가 앞으로 애니메이

선의 미래가 될 것"이라고 설명했다가 낭패를 치렀다. 이때 카첸버그는 스티브에게 "애니메이션은 '내 것'이야. 지금 당신이 하는 말은 내 딸과 데이트를 나가겠다는 소리처럼 들리는데, 이봐, 난 총을 갖고 있어. 내 것을 뺏어가려고 들면 총으로 네 놈의 거기를 날려 버리겠다고"라고 협박까지 했다. 할리우드는 험한 비즈니스로 유명했고, 그중에서도 디즈니는 터프한 상대로 손꼽혔다. 제프리 카첸버그는 그 디즈니에서 가장 까다로운 비즈니스맨 가운데 하나였다. 하지만 웬만한 사람들은 벌벌 떨었을 상황에서도, 스티브는 당황하지 않았다. 그때도, 지금도 마찬가지였다. 돈줄을 쥐고 있는 건 디즈니였지만, 스티브는 픽사가 디즈니가 싫다면 다른 회사를 위해서도 얼마든지 애니메이션을 제작할 수 있다는 듯 행동했다. 결국 카첸버그가 양보를 했다. 아무런 경험도 없는 픽사에게 세 편의 영화를 제작할 수 있는 제작비를 대기로 한 것이었다. 그 첫 영화가 바로 <토이 스토리>였다.

픽사와 넥스트의 운명이 바람 앞의 등불처럼 위태로웠던 이때, 스티브는 개인적으로는 인생에서 가장 행복한 한때를 보내고 있었다. 1991년 스티브 잡스는 총각 신세를 벗어던지고 결혼을 했다. 그 상대는 스탠포드에서 강의를 하던 중 만난 아름다운 로렌이었다. 로렌은 이미 아들 리드를 임신한 상태였다. 게다가 결혼 전 스티브는 자신을 낳은 친모인 조앤 심슨을 만났다. 그리고 소설가로서 명성을 쌓아 가던 여동생 모나 심슨도 알았는데, 스티브는 동생이 창의적인 일에서 성공을 거두고 있다는 사실에 대해 무척 자랑스럽게 여겼다.

개인적인 삶과는 달리, 넥스트의 상황은 점점 더 나빠졌다. 1992년의 넥스트 컴퓨터 판매는 겨우 2만 대에 불과했다. 애플에게 한 방 먹이기는커녕 넥스트의 생존 자체가 의심스러운 상황이 시작됐다. 1993년 스티브는 결국 엄청난 돈을 쏟아부어 만들어 낸 최첨단 자동화설비를 포함해 넥스트의 하드웨어 부문 전체를 매각하기로 결정했다. 초기 투자자였던 로스 페로는 스티브에게 환멸을 느끼며 자금 지원을 중단했고, 이미 2억 달러를 물린 캐논 또한 하드웨어 부문 외에는 아무 것도 건지지 못한 채 넥스트와의 인연을 끊었다.

1993년 11월 17일은 스티브에게 또 하나의 위기였다. 디즈니가 픽사를 향해 <토이 스토리>의 제작을 중단하겠다고 공식 통보한 것이다.

1994년은 스티브에게 악몽이었다. 이제 스티브는 연이은 실패로 인해 더 이상 억만장자가 아니었다. 그는 가족이 살아갈 수 있도록 집과 최소한의 재산을 지킬 수 있는 방법을 궁리해야만 하는 파산 직전의 작은 부자일 뿐이었다.

이때 다행히도 픽사의 상황이 조금 나아졌다. 래스터와 제작진이 고치고 또 고쳐 새로 만들어낸 시나리오가 디즈니의 마음에 든 것이었다. 중단됐던 <토이 스토리>의 제작 일정이 다시 조정됐고, 디즈니는 제작비 지원을 재개했다. 픽사 애니메이션 공장에도 다시금 활력이 돌기 시작했다.

픽사는 조금 나아졌지만, 넥스트의 문제는 여전했다. 하드웨어 부문을 캐논에게 넘겨주고도 회사는 점점 더 어려워졌다. 넥스트의 창업 멤버들은 하나씩 회사를 떠나기 시작했고, 언론은 해적 선장의 몰락을 고소해 하며 앞다투어 스티브를 헐뜯고 있었다. 넥스트의 마지막 희망이었던 운영체제 소프트웨어 '넥스트스텝' 또한 시장에서 호응을 얻지 못했다.

픽사의 운명은 <토이 스토리>에 달려 있었다. 하지만 간단한 산수로 셈을 해 보아도, <토이 스토리>가 픽사를 살리기 위해서는 이 영화가 디즈니의 최근 흥행작을 훨씬 능가하는 수익을 거두어야 한다는 계산이 나왔다. 금액으로 따지면 적어도 1억 달러 이상이었다. 이럴 줄 알았으면 카첸버그와 계약을 할 때 더 세게 나갔어야 했다고 후회를 해도, 이미 늦은 상태였다.

# 스티브 잡스의 재림

모든 것을 잊고 음악과 이 순간에 빠져들어 봐. 모든 것이 네 손아귀에 잡혀 있는 바로 이 순간을. 이 기회를 그냥 흘려보내면 몹시 후회하게 될 거야. 네 손에는 오직 마지막 한 방만이 남았으니까. 이 절호의 기회를 날려 버리지 마. 기회라는 것은 일생에 단 한 번 올 뿐이거든.
— 에미넴, '모든 것을 잊고(Lose Yourself)'

1995년은 스티브에게 최악의 한 해였던 동시에 새로운 시작의 해였다.

밤은 동이 트기 전에 가장 어둡다고 했듯, 거짓말처럼 어둠이 걷히기 시작했다. 래스터가 디즈니 경영진의 마음을 돌려

놓은 뒤 픽사는 <토이 스토리>의 후반작업을 진행하는 중이었다. 이 애니메이션의 제작에 참여한 모든 사람들은 아주 특별한 애니메이션이 완성돼 간다는 것을 본능적으로 느끼고 있었다. 이제 앞으로 모든 애니메이션은 <토이 스토리> 이전과 이후로 나뉠 판이었다. 3차원 컴퓨터 그래픽의 힘은 놀라웠다. <토이 스토리>의 장난감 주인공들은 실제로 눈앞에서 살아 움직이는 것처럼 보였다. 과거 래스터가 <양철 장난감>으로 아카데미 단편 애니메이션 부분을 수상했던 때와는 비교조차 되지 않았다. 게다가 <토이 스토리>는 81분짜리 장편 애니메이션이었다. 이 긴 시간 동안 관객을 쥐락펴락하며 웃음과 페이소스를 느끼게 했던 것은 기술을 완벽히 지배하고 이해했던 예술가 존 래스터였다. 스티브는 <토이 스토리>가 자신의 예상을 뛰어넘는 대성공을 거두리라는 것을 잔뜩 기대하고 있었다.

스티브에게는 <토이 스토리>의 성공 외에도 또 하나 기다리는 일이 있었다. 픽사의 기업공개였다. <토이 스토리>는 컴퓨터 그래픽만으로 100퍼센트 제작된 세계 최초의 장편 애니메이션이었는데, 이 사실은 기업공개 시점에서 픽사를 돋보이게 할 아주 커다란 홍보 수단이었다. 스티브는 이런 사실을 최대한 활용하기 위해 픽사의 기업공개 일정을 <토이 스토리> 개봉 다음 주로 맞춰 놓았다. 사실 10년 간 변변한 수익이라고는 한 번도 만들어 내지 못한 기업이 성공적으로 증시에서 주식을 팔 수 있으리라는 기대 자체가 지나치게 낙관적인 전망이었다. 비록 당시가 인터넷 버블이 주식시장에서 막 생겨나기 시작했던 때이기는 했지만, 그럼에도 불구하고 단 한 편의 애니메이션을 제작한 신생 스튜디오가 주식시장의 문을 두드린다는 것은 모험에 가까웠기 때문이다.

하지만 시장의 반응은 폭발적이었다. 픽사의 재무 담당 로렌스 레비는 주당 12달러에서 14달러 정도의 공모가를 제안했지만, 스티브는 일부러 공격적으로 22달러라는 높은 공모가를 제시했다. 스티브는 크게 성공하고 싶었던 것이다. 이번에는 스티브가 옳았다. 픽사의 주식은 시장에 공개된 순간 날개 돋친 듯 팔려 나가기 시작했다. 픽사의 주식이 거래되기 시작한 지 불과 1시간 만에 주가는 49달러까지 뛰어올랐다. 스티브는 다시 15억 달러 어치의 주식을 보유한 억만장자의 반열에 올라섰다. 이번에는 실리콘밸리의 왕자 정도가 아니었다. 그는 미국에서 가장 완고하고 보수적인 비즈니스 가운데 하나였던 할리우드 영화산업에 뚜렷한 발자국을 남기며 정문으로 걸어 들어간 것이었다.

픽사에서 스티브는 일종의 왕따와도 같았다. 비록 넥스트에서 스티브가 절대자였고, 무소불위의 권력을 휘둘렀다고는 해도, 픽사에서 스티브는 가끔 나타나 잔소리만 하고 사라지는 물주(物主)에 불과했다. 애플과 넥스트의 비전과 기업문화가 스티브로부터 나온 것이었다면, 픽사의 비전과 기업문화는 앨비 레이 스미스와 에드윈 캣멀, 존 래스터가 창조한 것이었다. 거기에 스티브가 끼어들 자리는 없었다.

하지만 결과적으로 오늘날의 픽사를 있게 한 것은 스티브 잡스였다. 『못 말리는 CEO 스티브 잡스(The Second Coming of Steve Jobs)』를 쓴 앨런 도이치먼에 따르면 스티브는 오늘날의 픽사를 만드는 데 세 가지 결정적인 기여를 했다. 첫째는 스티브 잡스가 픽사가 가장 어려웠던 10년 동안 개인 재산으로 픽사의 식구들을 부양한 재정적 후원자였다는 사실이다. 비록 그 일이 너무 괴로워 스티브 스스로 다른 기업에게 픽사를 팔아 버릴까 하는 생각을 몇 차례 했지만, 어쨌든 결과적으로 보면 모든 위험을 감수하며 픽사를 지켰던 것은 스티브였다. 둘째는 픽사의 기업공개를 결정한 사실이다. 기업공개 덕분에 픽사는 고질적인 자금난에서 헤어나올 수 있었고, 안정적인 기반을 갖춘 상태에서 새 영화 제작에 들어갔다. 마지막은 <토이 스토리>의 성공을 이끌어 낸 뒤 디즈니와 재협상을 한 점이었다. <토이 스토리>를 제작하기 직전의 픽사는 디즈니의 제작비 지원 없이는 살아날 수 없는 한심한 상황이었다. 이런 상황에서 픽사가 디즈니에게 요구할 수 있는 것은 매우 적었다. 하지만 <토이 스토리> 이후 모든 것이 달라졌다. <토이 스토리>의 제작비는 약 3,000만 달러였지만, 이 애니메이션이 거두어들인 총수입은 투자금액의 10배가 넘는 3억 5,430만 달러였다. 스티브는 이 단 한 차례의 성공을 지렛대로 삼아 몇 가지 중요한 조항을 손보고 싶었다. 상대는 할리우드에서 가장 고압적이고 보수적인 디즈니의 경영진이었다. 누구도 디즈니와의 협상에서 제 목소리를 내지 못했다. 하지만 스티브는 달랐다. 그는 픽사가 제작비의 절반을 직접 댈 테니, 수익도 절반으로 나누자는 제안과 픽사 영화의 광고, 포스터, 비디오 레이블 등에 픽사와 디즈니의 로고를 같은 크기로 싣 자는 제안을 디즈니에 건넸고, 결국 디즈니를 설득해 냈다.

앨비와 에드는 픽사를 구성하는 핵심 요소인 기술을 만들 어 낸 사람들이었지만 이들에게는 진정한 성공을 위해 예술적 재능이 필요했고, 그래서 그들은 존 래스터를 찾아냈다. 하지 만 아직도 픽사에는 진정한 성공을 위한 핵심요소가 부족했 다. 그건 진짜 사업가였다. 그리고 협상의 달인 스티브 잡스는 픽사의 핵심요소가 됐다.

파산 직전의 넥스트에도 기적처럼 새 빛이 찾아들었다. 독 보적이고 진일보한 운영체제였으나, 오로지 넥스트 컴퓨터에 서만 작동된다는 이유로 판매가 부진했던 '넥스트스텝'이 넥 스트의 구원자가 됐던 것이다. 애플은 1995년 이후 심각한 수 준의 매출 하락을 겪고 있었는데, 큰 이유 가운데 하나는 운영 체제가 더 이상 매력적이지 못해서였다. 과거의 매킨토시는 혁신적인 GUI와 디자인 및 출판 종사자들을 위한 강력한 그 래픽 소프트웨어로 인기를 끌었지만, 이미 마이크로소프트가 GUI를 사용하는 윈도 운영체제를 발표하면서 애플이 갖고 있 던 장점을 상당 부분 빼앗아 간 상태였다. 또 당시의 컴퓨터 시장에서는 한 번에 여러 작업을 동시에 진행할 수 있는 '멀 티태스킹'이 기본으로 여겨졌으나, 매킨토시가 사용하던 맥OS 는 이 새로운 경향을 따라잡는 데 충분하지 못했다. 맥OS는 더 이상 새롭지 않았고, 더 이상 뛰어나지도 않았다. 게다가 컴퓨터의 가격 또한 윈도를 사용한 제품이 매킨토시보다 훨씬 저렴했다. 애플에는 구원투수가 필요했다. 그것도 아주 유능한 구원투수가 필요했다. 그들의 눈에 들어온 것은 스티브 잡스의 넥스트였다.

넥스트스텝은 마이크로소프트의 윈도보다 여러 측면에서 장점을 가진 뛰어난 운영체제였다. 윈도 사용자들의 골칫거리 가운데 하나는 마이크로소프트의 윈도가 걸핏하면 파란색 화면을 띄우며 '치명적인 오류가 발생했다'는 메시지를 남긴 채 멈춰 버린다는 사실이었다. 넥스트스텝은 달랐다. 고성능 서버 컴퓨터에서 사용했던 안정적인 유닉스 운영체제를 기반으로 만들어진 넥스트스텝은 힘든 작업을 수행해도 안정적으로 동작했다. 게다가 넥스트스텝은 객체지향형 프로그래밍을 지원하는 운영체제였다. 이는 프로그래머로 하여금 이미 개발돼 있는 다른 프로그램을 모듈처럼 가져다 붙여서 빠르게 새 프로그램을 만들 수 있도록 하는 기술이었는데, 15년 전 스티브가 제록스의 PARC에서 보았던 바로 그 기술이었다. 또 향후 맥OS 시리즈에서 사용되는 '독(Dock)'이라는 사용자 인터페이스도 특징이었다. 스티브는 여기에 더해 '웹오브젝트(WebObjects)'라는 인터넷 관련 프로그램도 함께 판매하기로 했다. 이 프로그램은 지금까지도 애플이 온라인 음악상점인 아이튠즈 뮤직스토어에서 사용하고 있는 대규모 데이터베이스 관리 프로그램이었다. 스티브 잡스는 애플에게 넥스트스텝이나 웹오브젝트보다도 훨씬 가치 있는 것을 함께 팔겠다고 제안했다. 바로 넥스트의 인력들이었다. 스티브는 늘 '최고의 인재'를 고르고 골라 뽑았다. 넥스트의 인력은 쉽게 돈으로 환산하기 어려운 것이었다.

1996년 12월 말, 애플은 넥스트를 합병한다는 방침을 공식 발표했다. 그리고 스티브는 넥스트 매각의 대가로 현금 3억 7,750만 달러와 애플의 주식 150만 주를 챙겼다. 현금은 넥스트의 기존 투자자들에게 돌아갔고, 주식은 스티브가 챙겼다. 애플은 그에게 '특별고문'이라는 직책을 제시했다. 하지만 스티브는 여기에서 만족하지 않았다. 1997년 상반기 동안 스티브가 애플에서 행했던 일은 권모술수였고, 그가 생각하는 것은 책략이었다. 그는 애플로 간 넥스트의 인력들을 '트로이의 목마'처럼 활용했다. 넥스트스텝을 개발한 애비 테버니언은 애플의 소프트웨어 부문 책임자가 됐고, 넥스트의 하드웨어 부문 총책임자였던 존 루빈스타인은 애플의 하드웨어 부문을 차지했다.

당시 애플의 CEO 자리는 길 어밀리오가 차지하고 있었다. 그는 연간 5억 달러의 적자를 보던 내셔널 세미컨덕터를 흑자 기업으로 회생시키며 월스트리트로부터 칭송을 받던 경영자였다. 그는 애플에서도 회사를 회생시키기 위해 동분서주하며 첫해를 보내는 중이었다. 넥스트를 인수하기로 한 것이나, 적자 사업부를 구조조정한 일 등은 어밀리오가 이루어 낸 훌륭한 성과였다. 하지만 스티브는 어밀리오를 단순히 자신의 자리를 꿰찬 이방인으로 여기고 있었다. 따지고 보면 어밀리오는 넥스트스텝을 매킨토시의 차세대 운영체제로 선택해 스티브를 구원했고, 도산 직전의 스티브를 애플의 '특별고문'으로 복귀시켜 준 은인인 셈이었다. 그러나 스티브는 냉정하기 그지없었다. 그는 이사회 멤버들을 하나씩 설득하면서 어밀리오를 쫓아낼 계략을 뒤에서 꾸몄다. 12년 전 존 스컬리에게 당한 방법을 이번엔 자신이 직접 사용한 셈이었다. 스티브는 애플과 자기 자신 모두의 은인을 쫓아낼 계략을 꾸미면서도 아무런 흔들림이 없었고, 결국 1997년 7월 애플 이사회로 하여금 어밀리오를 해고하도록 만들었다. 마침 애플의 주가도 12년 만에 최저 수준으로 떨어져 있었다. 현 CEO에게 책임을 묻기에 딱 좋은 상태였다. 어밀리오가 애플의 CEO가 된 지 불과 1년 반 만의 일이었다. 그리고 스티브는 비록 '임시(interim)' 딱지를 붙이기는 했지만 드디어 최고경영자의 자리를 다시 차지하고야 말았다. 애플의 'iCEO'가 됐던 것이다. 12년 만의 귀환이었다.

애플로 돌아온 스티브 잡스가 가장 먼저 했던 것은 전임자의 흔적을 지워 버리는 일이었다. 매킨토시를 만들면서 스티브 워즈니악의 흔적을 지워 버리고 싶어 했던 것처럼, 아니 그보다 훨씬 더한 적개심과 복수심을 갖고, 스티브는 존 스컬리와 스컬리의 후임자들이 남겨 놓은 흔적을 하나씩 지워 나가기 시작했다.

그는 가장 먼저 스컬리 시절 개발이 시작된 애플의 PDA(개인휴대단말기) '뉴턴' 사업부를 없앴다. 애플이 개발하고 있던 뉴턴은 당시로서는 매우 혁신적인 제품으로 기대되고 있었지만, 스티브는 하루아침에 뉴턴 사업을 접었다. 별다른 이유는 없었다. 스컬리의 사업이었다는 점을 제외하고는.

두 번째 시도는 스컬리조차 지키려고 노력했던 '애플 DNA'를 상당 부분 훼손할 수도 있는 모험이었다. '거대 기업에 맞서 싸우는 다윗'이라는 이미지는 스티브 스스로가 애플에 불어넣었던 DNA였고, 애플의 팬들이 기대하고 있던 애플의 이미지였다. 스티브를 몰아낸 스컬리조차 이 가치를 훼손시킨다는 건 꿈도 꾸지 못했으며, 충실히 스티브가 세워 놓은 가치를 지켜 오고 있었다. 하지만 스티브는 자기 스스로를 부정할 수도 있는 일에 주저함이 없었다. 그가 택한 카드는 바로 애플의 가장 큰 적이었던 마이크로소프트와의 협력이었다.

애플과 마이크로소프트의 협력이 발표된 곳은 1997년 8월의 보스턴 맥월드 컨퍼런스였다. 오랜만에 기조연설을 위해 무대에 오른 스티브는 한여름 더위에 어울리는 가벼운 반팔 차림이었으며, 스스로를 '픽사의 CEO'라고 소개하고 있었다. 하지만 픽사의 CEO라는 직함 위에 걸려 있던 그림은 애플의 로고였다. 드디어 스티브는 고향에 돌아왔다.

열광적인 환영과 함께 새로운 이사회 멤버가 하나씩 소개됐다. 그리고 픽사의 CEO 스티브 잡스도 새로 구성된 이사회의 멤버였다. 스티브는 애플의 과거와 자신이 돌아온 현재 사이에는 건널 수 없는 깊은 강이 놓인 것처럼 행동했다. 스티브가 없던 시절, 애플은 여러 차례 실수를 했지만 이제부터는 다행히 모든 것이 제대로 될 것이라는 호언장담이 이어졌다. 그리고 자신이 돌아온 뒤 변화할 애플의 미래를 하나씩 늘어놓았다. 애플이 지배적인 우위를 갖고 있던 디자인, 탁상출판, 컴퓨터 그래픽 등의 시장에 더욱 집중할 것이며, 교육용 컴퓨터 시장에서의 우위도 더욱 확고히 다지겠다는 설명이었다. 맥OS 개발에 더욱 주력하겠다는 다짐도 나왔다. 이때 애플은 스티브 잡스의 회사였던 넥스트가 보유한 넥스트스텝 운영체제를 이미 사들인 이후였다. 즉, 맥OS를 더욱 뛰어나게 만들겠다는 얘기는 스티브 자신이 없는 동안 애플이 제대로 만들지 못했던 맥OS를, 자신이 애플 바깥에서 만들어 낸 제대로된 새 제품으로 교체하겠다는 뜻이었다.

하지만 가장 중요한 순서는 아직 시작도 하지 않았다. 남은 것은 새로운 파트너를 발표하는 일이었다. 스티브의 뒤편에 걸린 대형 스크린에 '마이크로소프트'라는 글자가 떠올랐다. 열광적으로 스티브를 응원하던 애플의 마니아들이 이번에는 '부우'하는 야유를 보내기 시작했다. 마이크로소프트는 애플의 파트너가 될 수 없었다. 적어도 이 행사장의 애플 팬들은 그렇게 생각했다. 마이크로소프트는 애플을 아끼는 사람들의 입장에서 보자면 독점기업의 대명사였고, 애플이 맞서 싸워야 할 골리앗이었다. 그런데 지금 스티브가 하고 있는 말은 다윗이 골리앗을 향해 돌을 던지는 대신 골리앗과 의형제라도 맺겠다는 얘기였다. 물론 그 대가는 달콤했다. 마이크로소프트는 애플을 위해 5년 간 마이크로소프트의 오피스(워드, 엑셀, 파워포인트 등이 담긴 사무용 소프트웨어 패키지)를 개발하기로 했고, 1억 5,000만 달러 상당의 의결권 없는 애플 주식을 사서 최소 3년 이상 보유하기로 결정했다. 애플은 그 대가로 마이크로소프트가 늘 갖고 싶어 했던 애플의 특허를 상호 이용 허가(cross license) 방식으로 사용하도록 허가해 주었다. 그리고 곧이어 스티브 잡스 뒤편의 대형화면 위로 빌 게이츠의 모습이 위성 통신 영상을 통해 등장했다. 맥월드 컨퍼런스에 모인 사람들의 야유는 최고조에 이르렀지만, 이때 애플의 창업자 스티브 잡스는 오히려 빌 게이츠를 옹호하고 두둔하기 시작했다.

"여러분. 애플이 이기려면 마이크로소프트가 져야 한다는 오래된 선입견은 이제 버릴 때가 됐습니다."

1억 5,000만 달러 때문이기도 했고, 스컬리의 흔적을 지우기 위한 방법이기도 했다. 한때 스티브는 마이크로소프트에 대해 몹시 적대적이었다. 빌 게이츠는 1980년대 초반 애플에 소프트웨어를 납품하던 수많은 엔지니어 가운데 하나였을 뿐이다. 하지만 그는 매킨토시의 GUI를 본뜬 '윈도 운영체제'를 만들어 냈다. 그 사실을 안 스티브는 노발대발하면서 빌에게 항의했지만, 빌 게이츠 또한 협상력과 배짱에서 결코 스티브에게 뒤지지 않았다. 게이츠는 꿈쩍도 하지 않았다. 결국 그는 스티브가 즐겨 사용했던 "좋은 예술가는 남의 것을 잘 모방하지만, 위대한 예술가는 남의 것을 훔친다"라는 피카소의 대사를 그대로 스티브에게 돌려주었을 뿐이었다.

넥스트 시절의 스티브 잡스는 인터뷰에서 이렇게 말한 적이 있다.

"마이크로소프트가 애플이 만들어 낸 것을 따라했다고 뭐라고 할 생각은 없습니다. 그들의 성공에 제가 배가 아플 이유도 없습니다. 그들은 대단한 성공을 이뤄 냈고, 그 성공을 자신들의 힘으로 일궈 냈습니다. 그것이 저를 슬프게 만들 이유는 없죠. 다만, 마이크로소프트의 제품에는, 뭐랄까, '취향'이 없습니다. 그들은 소프트웨어에 문화를 불어넣고, 그것을 뭔가 의미 있는 것으로 발전시키는 법을 모르고 있는 것 같습니다. 제가 슬픈 것은 마이크로소프트의 엄청난 성공이 아닙니다. 제가 정말로 슬픈 이유는, 마이크로소프트가 만들어 내 성공을 거둔 모든 제품들이, '삼류'이기 때문입니다."

하지만 이날 스티브는 변했다. 다시 성공하기 위해서, 그리고 자신을 괴롭혔던 과거의 악령들과 단절하기 위해서 그는 영혼이라도 팔 기세였다. 맥월드의 청중들 앞에서 그는 열변을 토했다.

"우리가 애플을 망친다면, 그건 누구의 잘못일까요? 바로 우리의 잘못입니다. 남을 탓해 봐야 아무 소용없는 일이죠. 애플과 마이크로소프트가 경쟁하던 시대는 끝났습니다. 생각을 바꿔야 합니다. 애플에 마이크로소프트를 더한다면 그건 전체 컴퓨터 시장의 100퍼센트를 의미합니다."

기조연설의 마지막을 장식한 것은 애플의 새로운 슬로건이었다. 스티브는 늘 간결한 슬로건으로 애플의 비전을 제시하곤 했다. "해적이 되자!(Let's be Pirates!)", "긴 여정은 그 자체로 보상이다(The Journey is the Reward).", "미치도록 위대한(Insanely Great!)" 등이 '비저너리(visionary)' 스티브가 만들어 낸 애플을 이끌어가는 정신이었다. 이제 다시 돌아온 스티브에게는 새로운 슬로건이 필요했다. 그것이 "다르게 생각하라(Think Different)"였다. 새로운 멤버들이 애플을 가득 채웠지만, 그 가운데에는 낯익은 얼굴도 많았다. 이 슬로건을 만들어 낸 '리 클라우'도 그 가운데 하나였다. 클라우는 "1월 24일, 애플컴퓨터는 '매킨토시'를 소개합니다. 그리고 당신은 우리의 1984년이 조지 오웰의 『1984년』과 다른 이유를 발견할 것입니다"라는 '1984년' 광고의 카피를 써낸 광고회사 샤이엇데이의 사장이었다. 클라우는 '1984년' 광고의 대성공으로 광고업계에서 명성을 날린 뒤, 에너자이저 토끼, 아디다스의 '불가능, 그것은 아무 것도 아니다(Impossible is Nothing)' 캠페인 등을 성공시키며 광고 분야 명예의 전당에 오른 베테랑이었다. 클라우와 샤이엇데이는 이제 '골리앗에 맞서는 다윗'이라는 10년 전의 이미지를 대신할 새 비전을 만들어 냈다. "Think Different"는 엄밀히 말하면 문법에도 맞지 않는 표현이었지만, 그 편이 오히려 소비자들의 호감을 샀다. 애플은 드디어 옛날의 세련된 모습으로 돌아왔다.

# 속도보다는 컨트롤

경주라는 건 빨리 달리는 사람을 위해서 열리는 게 아냐.
경주란, 과연 누가 컨트롤을 잘 하느냐를 보여 주기 위해 열
리는 것이지.

– 블랙아이드피즈, '헤이 마마(Hey Mama)'

애플에 복귀한 스티브에게는 새로운 미래를 보여 주어야
할 의무가 있었다. 모두가 그를 쳐다보고 있었지만, 지난 10여
년 간 비대한 관료조직으로 변해 버린 애플에서는 그조차 암
담함을 느껴야 했다. 이 회사에는 이제 열정도, 가슴을 뛰게
하는 비전도 없었다. 스티브는 모든 것이 사라진 상태에서 다
시 기업문화를 일궈 내야만 했다.

스티브는 당시의 애플을 이렇게 묘사했다.

"애플은 그때 들판에 아무렇게나 놓인 포르쉐 자동차 같았다. 이 차는 진흙으로 뒤덮여 정말 더러워 보였다."

애플을 뒤덮고 있는 진흙을 걷어 내기 위해서는 성공적인 새 제품을 선보이는 것이 가장 중요했다. 스티브는 여전히 '세상을 바꿀 컴퓨터'를 만들고 싶어 했다. 더구나 넥스트의 인재들을 데리고 애플을 재점령한 지금 상태에서는 그런 컴퓨터를 보여 주는 것만이 그의 존재 의미를 증명할 수 있는 유일한 길이었다.

## 헬로, 어게인

14년의 시간이 흘렀다. 최초의 매킨토시를 소개했던 바로 그 자리였다.

스티브는 변한 것이 없었다. 약간 살이 쪘고, 안경을 껴야 했지만 여전히 그는 스티브 잡스였다. 객석을 가득 메운 청중들과 쏟아지는 함성과 박수는 14년 전과 하나도 다르지 않았다. 그리고 무대 중앙의 탁자 위에는 보자기로 덮인 새로운 매킨토시가 놓여 있었다. 스티브는 이 매킨토시를 '아이맥(iMac)'이라고 불렀다. 인터넷 매킨토시를 뜻하는 이름이었다. 14년 전 그날도 무대 가운데에서는 멋진 케이스에 쌓인 매킨토시가 탁자 위에서 자신의 모습을 드러낼 순간만을 기다리고 있었다.

14년 전 매킨토시의 첫 발표회에서 스티브가 매킨토시를 케이스에서 가볍게 들어 올렸듯, 이날도 스티브는 매킨토시 위에 덮인 보자기를 가볍게 벗겨 냈다. 그러자 아이맥의 화면 위로 다양한 인터넷 사이트와 매킨토시용 소프트웨어의 모습들이 흘러갔다. 영상이 끝난 뒤 등장하는 한 구절이 14년 전의 매킨토시 발표를 떠올리게 했다. "Hello, Again." 최초의 매킨토시가 "Hello"라는 유려한 글자체를 흑백의 화면 위에 그려 보인지 14년 만의 일이었다. 그때처럼 우레와 같은 박수가 쏟아졌다.

스티브는 아직 끝이 아니라며 카메라로 아이맥의 뒷면을 보여 주었다. 스피커, 모니터, 마이크로프로세서, 각종 부품들 모두가 반투명한 몸체 속에 하나로 모여 있었다. 이것은 14년 전 초기 매킨토시의 '올인원' 스타일을 현대적으로 재해석한 것이었다. 1998년 5월 6일 처음으로 소개된 아이맥은 7월 말까지 27만 대 이상을 판매했으며 향후 1년 동안 200만 대가 넘는 판매고를 올렸다. 아이맥을 산 소비자들 가운데 상당수가 주저 없이 '디자인' 때문에 아이맥을 택했다고 말하곤 했다. '껍데기'에 집착해 온 스티브의 디자인 철학은 1998년에 이르러서야 진가를 발휘했던 것이다. 이어서 1999년 9월, 애플의 주가는 주당 73달러까지 상승했다. 존 스컬리 시절의 최고 기록이었던 68달러를 넘어섰으며, 이는 스티브의 복수가 완결됐다는 것을 의미했다.

픽사 또한 거칠 것 없는 성공을 거두는 중이었다. 픽사의 두 번째 애니메이션이었던 <벅스 라이프>는 디즈니를 떠나

드림웍스에서 새 둥지를 차린 제프리 카첸버그가 픽사의 정보를 발 빠르게 입수해 한 발 먼저 <개미>라는 유사한 주제의 애니메이션으로 훼방을 놓았음에도 불구하고, <개미>의 흥행 수익을 가볍게 능가하며 애니메이션 역사상 네 번째의 흥행 신기록을 세웠다. 전작이었던 <토이 스토리>의 기록적인 흥행 수익조차 초과하는 대성공이었다. 이것은 1998년 말 추수감사절 시즌의 일이었다.

1년 뒤 픽사는 <토이 스토리 2>를 제작했다. 이번엔 더 많은 사람들이 놀랐다. <토이 스토리 2>는 <벅스 라이프>가 세운 1년 전의 흥행기록을 경신했으며, 전편의 흥행 성적을 능가한 최초의 속편 애니메이션이라는 영예도 안았다. 2001년 초 픽사가 <몬스터 주식회사>를 내놓자 평론가들은 픽사의 실패를 성급하게 점쳤다. 이 영화의 감독은 존 래스터가 아닌 래스터의 후임들이었기 때문이다. 하지만 그들은 '꿈의 공장(이 호칭은 더 이상 디즈니의 전유물이 아니었다)' 픽사의 저력을 모르고 있었다. 래스터는 재능을 발견하고, 재능을 키워 줄 줄 아는 진정한 거장이었다. <몬스터 주식회사>는 단 9일 만에 1억 달러의 수익을 올렸으며 아카데미 3개 부문에 후보로 올랐고, 애니메이션 역사상 세 번째 흥행 기록을 세웠다. 스티브는 제프리 카첸버그의 앞에서 "컴퓨터가 애니메이션을 만들 것"이라고 호언장담했다가 카첸버그의 위협을 들어야 했지만, 이제는 아니었다. 스티브는 컴퓨터로 애니메이션을 만들고 있었으며, 제프리 카첸버그보다 훨씬 더 중요한 할리우드 인사가 돼 있었다.

픽사가 안겨다 준 성공은 스티브에게 엔터테인먼트 산업을 다시 보게 하는 계기가 됐다. 실리콘밸리에서 스티브는 남부러울 것이 없는 성공을 거두었지만, 그 세계는 소수의 테크놀로지 마니아들만을 대상으로 한 좁은 세계였다. 하지만 픽사의 애니메이션은 달랐다. 매킨토시가 무언지 모르는 사람들도 <토이 스토리>와 <벅스 라이프>는 알고 있었다. 엔터테인먼트 산업의 세계는 완전히 다른 세계였고, 더 넓은 우주였다.

인터넷이 급속히 보급되면서 엔터테인먼트 산업의 지형도 크게 달라지고 있었다. 가장 먼저 변화를 맞은 것은 음악 산업이었다. CD를 판매해 매출을 올리던 음반업계는 불법복제된 MP3 파일 때문에 골치를 썩고 있었다. 컴퓨터를 이용해 음악을 MP3 파일로 저장하면, 전화선을 이용해 몇 분 이내로 파일을 주고받을 수 있었다. 게다가 디지털 파일의 특성으로 인해 아무리 복제를 해도 음질은 전혀 손상되지 않았다. 돈을 주고 음반을 사서 음악을 듣던 사람들은 MP3 파일이 유행하면서 음악을 무료로 인터넷에서 다운로드받기 시작했다. 이런 행동은 불법이었지만, 너무 광범위하게 행해지는 불법이어서 일일이 단속한다는 것이 불가능에 가까웠다. 게다가 워크맨처럼 MP3 파일을 저장해 길에서 듣게 해 주는 'MP3 플레이어'라는 기계가 등장하면서 음악의 주된 수요층인 젊은이들은 더 이상 CD를 사지 않았다.

그리고 스티브는 그 MP3 시장에 주목했다.

## 아이튠즈, 아이팟

2001년 샌프란시스코 모스코니센터에서 열린 맥월드 컨퍼런스에서 스티브는 애플이 새로 개발한 한 소프트웨어를 긴 시간을 들여 설명하기 시작했다. 이 프로그램의 이름은 '아이튠즈(iTunes)'. CD에 담긴 음악을 클릭 한 번으로 손쉽게 MP3 파일로 변환시켜 자신의 컴퓨터에 저장하거나, MP3 플레이어에 담아 들을 수 있도록 하는 음악재생 프로그램이었다.

스티브는 열정적으로 아이튠즈의 장점을 설명했지만, 사실 이 제품은 그렇게 놀랍고 혁신적인 소프트웨어가 아니었다. 애플의 다른 소프트웨어들처럼 사용자 인터페이스가 뛰어났고, 직관적이며 보기 좋은 디자인을 택했으며, 무엇보다 '무료'라는 장점이 있었지만, 그래도 이미 시장에는 아이튠즈의 경쟁 제품이 많이 나와 있는 상태였다. 하지만 스티브는 반복해서 강조했다.

"아이튠즈는 음악의 혁명을 가져올 것입니다."

그해 말, 스티브가 무엇을 들고 나올지를 미리 알고 있어야 이 말을 이해할 수 있었겠지만, 1월에 열린 맥월드에서는 이 말의 숨겨진 의미를 이해하는 사람이 거의 없었다.

2000년 토니 파델이라는 엔지니어는 투자자를 찾고 있었다. 토니는 필립스에서 휴대용 기기를 개발하던 컴퓨터 공학자였는데, 회사를 그만두고 '퓨즈'라는 회사를 직접 세운 상태였다. 파델은 하드디스크드라이브(HDD)에 음악을 담아서 들을 수 있는 MP3 플레이어를 만들고 싶었지만 필립스는 이런 기술에 별다른 관심을 보이지 않았다. 파델의 또 다른 불행은, 자신이 세운 새 회사 퓨즈에는 자금이 늘 부족하다는 한계였다. 새로운 개념의 MP3 플레이어를 만들려면 필요한 것은 투자였다. 파델은 투자를 얻기 위해 리얼네트웍스라는 인터넷 미디어 회사를 찾아간다. 하지만 리얼네트웍스도 필립스와 크게 다르지 않았다. 그들 또한 파델의 새로운 MP3 플레이어에 관심이 없었다.

파델이 두 번째로 찾아간 회사가 바로 애플이었다. 그리고 그는 스티브를 만났다. 스티브는 앞서 만난 사람들과는 달랐다. 픽사를 겪으며 스티브는 엔터테인먼트 산업을 주목하고 있었다. 수많은 사람들의 단순노동으로 생산되던 애니메이션이 픽사의 유능한 인재 몇몇에 의해 컴퓨터로 만들어져 필름이 아닌 디지털 파일의 형태로 저장된 것처럼 음악도 비슷한 방식으로 변해 갔다. 애플은 제작 과정의 변화를 잘 따라잡아 음악 편집 프로그램 분야에서 중요한 위치를 점하고 있었다. 이제는 유통과정의 변화를 따라잡을 때였다. 새로운 유통방식은 MP3 파일이었다.

파델의 HDD형 MP3 플레이어는 이런 변화에 대한 해답으로 보였다. 이미 애플은 아이튠즈를 개발해 놓은 상태였고, 필요한 것은 아이튠즈의 음악을 재생할 수 있는 휴대용 기계뿐이었다. 워크맨을 개발한 소니가 그 역할을 맡을 수도 있었겠지만, 스티브가 보기에 소니의 MP3 플레이어는 조악해 보일

따름이었다. 2001년 2월, 맥월드 컨퍼런스가 끝난 지 얼마 지나지 않아 스티브는 파델을 채용했다. 조건은 단 하나, 크리스마스 시즌 전까지 새 MP3 플레이어 개발을 마치라는 것이었다. 파델은 빠듯한 개발 시간을 줄이기 위해 '포털플레이어'라는 회사의 MP3 플레이어를 밑바탕으로 삼아 제품을 개발했다.

애플의 음악 산업 진출은 스티브가 좋아했던 피카소의 명언에 맞닿아 있었다.

"좋은 예술가는 남의 것을 잘 모방하지만, 위대한 예술가는 남의 것을 훔친다."

아이튠즈는 C&G라는 소프트웨어 개발업체의 '사운드잼MP'라는 프로그램을 기반으로 개발됐다. 사실 애플이 사운드잼MP를 사서 인터페이스를 손보고 디자인만 바꾼 셈이었다. 포털플레이어도 마찬가지였다. 기본 콘셉트는 포털플레이어가 다 만들어 놓았고, 애플은 디자인과 인터페이스를 손봐서 새로운 기계를 만들어 냈다. 그것이 바로 세계에서 가장 많이 팔린 MP3 플레이어 '아이팟'의 시작이었다.

하지만 애플은 사운드잼MP와 포털플레이어의 거의 모든 부분을 손봤다. 아이맥을 디자인했던 애플의 디자인 담당 부사장 조너던 아이브는 아이팟 또한 아이맥 못지않은 매끄러운 흰색의 멋진 기계로 창조해 냈다. 인터페이스에 대한 스티브의 집착은 '터치 휠'이라는 전혀 새로운 방식의 조작방법을 만들어 냈다.

아이팟 개발은 일정에 맞추기 위해 정신없이 진행됐지만,

이 당시의 애플을 둘러싼 환경은 결코 우호적이지 않았다. 아이팟의 발표는 10월로 예정됐는데, 발표 예정일이 다가오는 와중에 인텔이 가전제품 분야의 수익성이 떨어진다며 휴대용 MP3 플레이어 등의 사업 부문을 포기하겠다는 발표를 하고 말았다. 애플의 MP3 플레이어 개발 소문은 애플에게 '악재'로 작용하기 시작했다. 곧이어 생각지도 못했던 사건도 터졌다. 9월 11일에 세계무역센터 건물이 무너졌던 것이다. 거기에 더불어 2001년은 닷컴 거품이 꺼지던 시기였으며, 냅스터로 인한 음악 MP3 파일의 저작권 소송이 연일 신문 지면을 오르내리는 시대였다. 어떻게 보아도 이 시기는 새로운 MP3 플레이어를 소개하기에 적당한 시기는 아니었다.

하지만 어두운 시대가 아이팟의 흰색을 더욱 밝아 보이게 만들었다. 2001년 10월 23일 스티브 잡스는 아이팟을 소개했다. 왜 음악이었을까? 스티브는 "음악은 모든 이들의 삶 속에 있기 때문입니다. 경계가 없죠. 그런데 누구도 이 시장에서 성공하질 못하고 있습니다. 디지털 음악 시장에서 말이죠"라고 말했다.

이미 완성된 상태였던 아이튠즈는 아이팟과 아주 잘 어울렸다. 1,000곡이 들어가는 MP3 플레이어의 음악을 관리하는 데에는 아이튠즈만한 프로그램이 없었다. 관리할 음악의 수가 적을 때에는 그저 그런 플레이어와 그저 그런 프로그램으로도 문제가 없었지만, 1,000곡을 넘어가는 음악을 관리하기 위해서는 사용하기 편리한 프로그램과 사용하기 편한 플레이어가 필수적이었기 때문이었다. 이때 1,000곡이 넘는 음악을 체계적으로 관리하겠다는 목적으로 만들어진 제품은 오직 '아이팟+아이튠즈'뿐이었다.

대부분의 MP3 플레이어 제조회사는 기계부터 만든 뒤 기계를 사용하기 위한 소프트웨어를 만들었다. 애플은 순서가 정반대였다. 그들은 소프트웨어부터 만든 뒤, 소프트웨어에 어울리는 기계를 만들어 냈다. 그 덕분에 사용자들은 새로 산 값비싼 기계를 매우 편리하게 사용할 수 있었고, 바로 그 점이 아이팟을 다른 제품들과 차별화시킨 중요한 포인트였다.

이후 아이팟은 신화를 써 내려갔다. 2002년 3월에 등장한 아이팟의 신제품은 2,000곡의 노래를 저장할 수 있었고, 7월에는 매킨토시가 아니라 마이크로소프트의 윈도 PC에서도 작동하는 아이팟이 등장했다. 같은 해 크리스마스 시즌에 아이팟은 20만 대 이상 판매됐다. 아이팟은 하나의 문화 현상이었다. 유명한 테크노뮤지션인 모비(Moby)가 아이팟의 편리한 사용법을 극찬했고, 세계적인 축구선수 데이비드 베컴도 아이팟을 주머니에 꽂은 채 조깅을 하는 장면이 파파라치에게 포착됐다.

2003년 4월, 음악 산업의 역사에 기록될 새로운 서비스가 시작됐다. '아이튠즈 뮤직스토어'였다. 애플의 아이튠즈 프로그램은 이제 더 이상 단순한 음악 재생기가 아니었다. 아이튠즈를 켜면 인터넷을 통해 합법적으로 음악을 사고파는 것이 가능해졌다. 그것도 BMG, EMI, 소니뮤직, 유니버설, 워너 등

5대 메이저 음반사의 노래 20만 곡 가운데 듣고 싶은 노래를 편리하게 선택할 수 있는 혁신적인 서비스였다. 아이튠즈 뮤직스토어는 순식간에 세계 최대의 음반 판매상으로 성장했다. 서비스 개시 2년 남짓한 시간이 지난 2005년 7월에는 아이튠즈를 통한 음악 판매가 5억 곡을 넘어섰다. 서비스 개시 5년째인 2008년 4월에는 누적 판매 곡수가 40억 곡을 넘었을 뿐만 아니라, 아이튠즈 뮤직스토어가 월마트를 제치고 미국 내 음반 판매 1위 체인으로 등극했다. 아이튠즈 뮤직스토어의 판매량 증가는 놀랍다. 누적 판매량이 1억 곡을 돌파한 데까지는 1년 이상(2004년 여름)이 걸렸지만, 2억 곡을 돌파하는 데에는 6개월이 걸렸으며(2004.12), 3억 곡 돌파에는 3개월(2005.3), 4억 곡 돌파에는 2개월(2005.5)이 걸렸다. 2006년 2월 누적 판매량은 10억 곡을 넘어섰고, 2008년 6월에는 50억 곡의 누적 판매량을 기록했다. 이는 기하급수적인 성장속도이다. 아이튠즈 뮤직스토어는 지금도 하루에 수백만 곡의 음악을 판매하고 있다.

아이튠즈 뮤직스토어는 디지털 음악을 파는 공간을 넘어 다른 분야의 콘텐츠까지 판매하는 곳으로 발전하기 시작했다. 2005년 10월에는 극장용 장편 영화와 TV 시리즈가 아이튠즈 뮤직스토어를 통해 판매되기 시작했다. 이와 함께 아이팟은 동영상을 재생하는 다목적 기기로 진화했다. 2007년 5월에는 하버드, MIT 등 미국 유수의 대학이 아이튠즈 뮤직스토어를 통해 세계 최고 석학들의 강좌 동영상을 무료로 제공하는 '아이튠즈 U' 서비스를 시작했다. 컴퓨터를 통해 교육에 공헌한다는 스티브의 꿈은 아이팟으로 확대됐다. 2008년 7월에는 애플의 휴대전화인 아이폰과 아이팟터치에서 작동되는 프로그램을 판매하는 '앱스토어(AppStore)'가 개설돼 6개월 만에 3억 개 이상의 프로그램을 판매했다.

이제 스티브 잡스는 컴퓨터와 소프트웨어업계의 강자라고 설명하기는 힘든 사람이 됐다. 그는 픽사의 창업자인 동시에 할리우드의 거물이 됐고, 아이팟과 아이튠즈로 음악시장의 선구자가 됐다. 실리콘밸리의 왕자는 어느새 한 시대를 대표하는 인물이 돼 있었다.

스티브의 다음 목표는 통신시장이었다. 2007년 6월, 스티브 잡스는 아이폰이라는 새 휴대전화를 발표했다. 일반 휴대전화와는 여러 측면에서 달랐다. 이 전화기에는 숫자 버튼이 없었고, 모든 조작은 터치스크린을 통해 이뤄졌다. 통신사와의 복잡한 역학관계를 모르는 애플이 결국 실패하리라는 어두운 전망이 이번에도 어김없이 등장했다. 하지만 또 다시 스티브가 옳았다. 아이폰은 2007년과 2008년을 거치며 세계에서 가장 많이 팔린 스마트폰(통화 기능 외에 다양한 부가 프로그램을 실행할 수 있는 다기능 휴대전화)의 자리를 차지했다.

2003년 4월, 아이튠즈 뮤직스토어가 문을 열던 그 순간 아이팟의 TV 광고에 등장했던 노래는 인기 힙합그룹 블랙아이드피즈의 '헤이 마마'였다. 이 노래의 가사에는 "경주라는 건 빨리 달리는 사람을 위해서 열리는 게 아니라, 과연 누가 컨트롤을 잘 하느냐를 보여주기 위해 열리는 것"이라는 표현이 나온다. 1980년대의 스티브 잡스는 빨리 달리고자 노력하는 질풍노도의 젊은이였다. 하지만 2000년대는 온전히 그의 시대였다. 그는 이제 최상의 컨트롤 능력을 보여 주기 시작했다.

## 실패를 모르는 픽사

스티브의 마법은 픽사에서도 계속됐다. 디즈니의 마이크 아이스너는 픽사와의 제작 협상 재계약을 앞두고 픽사의 2003년 개봉작 <니모를 찾아서>가 흥행에서 실패하기를 바라고 있었다. 그래야 재계약에서 디즈니가 유리한 위치를 차지할 수 있기 때문이었다.

하지만 열대어 흰동가리가 아들을 찾아 떠나는 모험 이야기를 다룬 이 다소 밋밋한 줄거리의 애니메이션은 계속해서 픽사의 흥행 기록을 경신해 냈다. 1억 달러에도 못 미치는 제작비로 완성된 <니모를 찾아서>는, 미국에서만 3억 3,000만 달러, 세계적으로 8억 6,000만 달러 이상의 매출을 거두며 역사상 최대 흥행 성적을 올린 애니메이션이 됐다. 픽사의 마술사 존 래스터는 이번에도 감독 역할을 후배인 앤드루 스탠튼에게 넘겼다. 픽사의 팀워크는 그 어느 때보다 훌륭했으며, 래스터는 픽사의 정신적인 지주로 위치를 굳히고 있었다.

픽사의 성공이 멈추지 않는데, 디즈니와 픽사와의 협상이 제대로 될 리가 없었다. 픽사는 이미 애니메이션업계에서 디즈니와 맞먹는 지위를 구축하고 있었다. 디즈니의 경쟁 스튜디오들이 잇달아 픽사에게 구애의 손길을 뻗쳐 왔고, 디즈니로서는 계속 큰소리를 치다가 픽사를 놓칠 경우, 안 그래도 열악한 재무구조에 심각한 구멍이 생길 것이 자명했다.

또 다른 문제는 스티브와 디즈니의 마이크 아이스너 사이에 생긴 개인적인 감정이었다. 아이스너는 걸핏하면 디즈니의 무능력을 탓하는 스티브가 늘 눈엣가시였다. 아이스너가 보기에 픽사의 경쟁력은 스티브 잡스가 아니라 존 래스터로부터 나오는 것이었지만, 늘 무대의 중심에는 스티브가 서 있었고, 협상 테이블에 나오는 것도 스티브였다. 스티브는 스티브대로 아이스너가 못마땅했다. 2003년 아이스너는 애플의 아이튠즈 광고 캠페인이었던 '꺼내고, 섞어서, 구워라(Rip, Mix, Burn)'라는 구호를 트집 잡으며 애플이 불법복제를 부추긴다고 의회에서 증언한 바 있었다. 결국 갈등은 힘 대결로 번졌다. 스티브는 디즈니와의 재계약 논의를 중단했다. 이 소식에 픽사의 주가는 올라갔지만, 디즈니의 주가는 4퍼센트나 떨어졌다.

디즈니와 갈라선 픽사는 자신의 힘으로 새 애니메이션 <인크레더블>을 개봉해야 했다. 이 영화는 여러 약점을 가진 영화였다. 우선 감독이 픽사 출신이 아닌 외부에서 영입한 브래드 버드였다. 버드는 <아이언 자이언트>와 같은 평단의 좋은 평가를 받은 애니메이션을 제작해 본 감독이었지만, 픽사 출신의 인재가 아니었다. 픽사의 애니메이션 작업은 컴퓨터 그래픽 기술을 어느 정도 이해하는 것이 필수였기 때문에 감독이 픽사 출신이 아니라는 건 굉장히 커다란 불안요소였다.

그리고 더 큰 문제는 <인크레더블>이 버드 자신의 아이디어라는 것이었다. 이 애니메이션은 인간이 등장하는 작품이었는데, 당시까지의 컴퓨터 애니메이션 기술로는 다양한 표정을 가진 인간을 주인공으로 만드는 것은 불가능하다고 여겨졌다. 버드는 불가능에 도전하고 싶어 하는 사람이었다. 하지만 픽사의 직원들은 모두 스티브 워즈니악과 버렐 스미스의 후손인 것 같았다. 그들은 버드의 도전정신을 열렬히 환영했으며, 불가능을 가능으로 만들어 보자는 데 짜릿함을 느끼고 있었다. 하지만 성공은 누구도 장담할 수 없는 상황이었다.

픽사의 영화는 모두 실패를 모르는 DNA라도 타고난 모양이었다. <인크레더블>은 개봉 첫 주말에만 4,550만 달러를 벌어들이며 역대 최고의 주말 흥행 기록을 세웠고, 디즈니가 없어도 성공할 수 있다는 것을 증명했다. 게다가 픽사는 픽사 출신이 아닌 인재까지도 포용하고 활용할 줄 안다는 사실 또한 만방에 과시했다. 결국 승리자는 스티브였다. 디즈니는 아이스너를 CEO 자리에서 해임했으며, 후임 CEO가 된 밥 아이거는 픽사와의 관계 회복에 나섰다. 이후 디즈니는 픽사의 주식과 디즈니의 주식을 맞교환하는 방식으로 픽사를 인수했다. 스티브는 디즈니의 주요 주주가 됐고, 디즈니의 이사회 멤버로 참여할 수 있었다.

이후 픽사는 <카즈> <라따뚜이>와 같은 영화를 추가로 제작했다. 이 가운데에는 스티브 잡스와 애플을 떠올리게 하는 영화도 있었다. 바로 2008년 6월에 개봉한 <월-E>였다.

이 영화 곳곳에는 애플의 흔적이 배어 있다. 주인공 로봇인 <월-E>가 태양광 충전을 마치면 나오는 '잔'하는 기계음은 사실 매킨토시 컴퓨터가 부팅될 때 울리는 기계음이다. <월-E>의 여자친구 로봇인 이브는 생긴 것이 영락없이 아이팟이다. 게다가 이브의 디자인은 실제로 아이팟과 아이맥을 디자인했던 애플의 디자인 담당 부사장 조너던 아이브의 감수를 거친 디자인이었다. 그리고 '이브'는 스티브의 딸 이름이기도 하다. 영화의 엔딩 크레디트에 등장하는 감사를 표하는 사람들의 이름 가운데 첫 이름은 바로 '스티브 잡스'였으며, <월-E>가 열심히 <헬로 돌리> 뮤지컬을 보기 위해 틀어 대던 화면은 볼록 유리에 아이팟의 화면을 확대한 것이었고, '액시엄'호를 이끌어가는 메인 컴퓨터 '오토'의 목소리는 매킨토시의 음성인식 및 합성프로그램인 '매킨토크'를 통해 제작된 음성이었다. 게다가 애니메이션에 등장하는 우주선 액시엄의 폐기처리장에 떨어진 <월-E>와 이브의 주위로 기어 다니던 쥐(mouse)들은, 초기 매킨토시에 사용된 원 버튼 마우스였다.

<월-E>는 애플과 스티브 잡스에 대한 픽사의 헌사였다. 한때 픽사로 찾아와 잔소리만 늘어놓는 물주로 여겨졌던 스티브 잡스가 이제는 픽사 식구들의 마음까지 사로잡았다. 그는 명실상부한 영화계의 거물이었다.

# Stay Hungry, Stay Foolish

그때 난 정말 심하게 쫓기고 있었지. 내 마음은 매듭으로
묶은 듯 꼬여 있었고, 그저 했던 생각을 계속 되새김질하듯
반복하고 있었어. 하지만 언젠가는 말이야, 더 이상 내 걱정
은 하지 않아도 괜찮을 거야. 인생에는 좋은 일이 몹시 많은
데도, 나는 그 모든 걸 다 무시하며 살아왔지. 이제와 도대
체 무엇을 할 수 있을지 모르겠어. 하지만 언젠가는 말이야,
더 이상 내 걱정은 하지 않아도 괜찮을 거야.

– 밥 딜런, '언젠가는(Someday, Baby)'

2004년의 스티브는 인생의 절정에 있어야 했다. 애플의 실
적은 눈에 띄게 좋아졌고, 픽사 또한 승승장구하고 있었다.

애플의 컴퓨터 시장점유율은 여전히 윈도 운영체제를 사용하는 컴퓨터와 비교했을 때 매우 낮았지만(약 98:2의 비율), 애플의 매출과 순이익은 해마다 20퍼센트 이상 성장했다. 2004년 1월의 맥월드에서 스티브 잡스는 "애플의 시장점유율은 자동차 시장에서 BMW, 벤츠, 포르쉐가 차지하는 비율보다 높다"며 "애플이 BMW나 벤츠처럼 되지 말라는 법이 없다"고 자신했다. 『잡스처럼 일한다는 것(Inside Steve's Brain)』의 저자 린더 카니는 "애플은 중산층과 최상류층의 시장을 겨냥함으로써 업계 최고의 마진율인 약 25퍼센트를 누리고 있다. 델의 마진율은 약 6.5퍼센트에 불과하며, HP는 그보다 훨씬 낮아서 5퍼센트에 지나지 않는다"고 설명했다. 애플은 스티브가 넥스트를 세울 때 꿈꾸었던 '컴퓨터 산업의 포르쉐'가 됐다.

하지만 2004년은 스티브가 자랑하는 강인한 의지로도 헤쳐 나갈 수 없는 재앙이 닥친 해였다. 인생의 절정에서 그를 덮친 것은 병마였다. 8월 1일 스티브는 지인들과 애플의 직원들에게 한 통의 이메일을 보냈다. 자신이 췌장암에 걸렸으며, 지난주에 수술을 성공적으로 마쳤다는 내용이었다. 췌장암은 발병 후 1년 만에 사망할 확률이 높은 매우 치명적인 암으로 인식되지만, 스티브가 걸린 췌장암은 치료가 가능한 암이라고 했다. 그리고 스티브는 9월부터 다시 애플 회의에 참석했다.

수술의 경과는 좋았던 것으로 보이지만, 『iCon 스티브 잡스』의 저자인 제프리 영과 윌리엄 사이먼은 종양 전문의의 말을 빌려 암울한 결론을 소개했다. 췌장암을 조기 진단해 종양을 완전히 제거한다고 해도 "환자의 50퍼센트는 5년밖에 생존하지 못한다"는 내용이었다.

4년이 지난 2008년 6월, 3세대(3G) 이동통신을 이용한 새로운 아이폰을 소개하기 위해 무대에 등장한 스티브 잡스의 얼굴은 몰라보게 수척해져 있었다. 애플은 공식적으로 "3G 아이폰의 마무리 작업으로 과로를 해 살이 빠진 것"이라 해명했다.

2008년 이루어진 애플의 공식행사에는 스티브 외에도 유난히 애플의 고위간부들이 많이 등장했다. 스티브의 연설 중간중간에 디자인 담당 부사장 조너던 아이브, 마케팅 담당 부사장 필립 쉴러, COO 팀 쿡, 아이폰 소프트웨어 담당 부사장 스콧 포스톨 등이 마이크를 이어받았다. 언론은 이것이 '포스트(post) 스티브 잡스 시대'를 준비하는 사전 포석이라는 분석을 내놓았다.

2008년 말, 애플은 맥월드 컨퍼런스 불참을 선언했다. 비용이 많이 드는 데 비해 얻을 것이 없다는 판단에서였다고 한다. 하지만 눈길을 끈 것은 매년 맥월드 컨퍼런스의 기조연설을 맡아온 스티브 잡스의 거취였다. 애플이 참석하는 마지막 맥월드 컨퍼런스인 2009년 1월의 기조연설조차 스티브가 아닌 마케팅 담당 부사장 필립 쉴러가 맡는다는 발표가 나왔다.

2008년의 스티브는 쿠바의 독재자 피델 카스트로와 북한의 김정일을 제외한다면, 개인의 건강 문제로 세계인으로부터 가장 많은 주목을 받은 명사였다. 스티브는 직접 프레젠테이션을 하며 "내 죽음에 대한 소문이 심각하게 과장돼 있다"고

했고, 2009년 1월에는 애플 직원들에게 편지를 보내 "체중감소는 호르몬 이상에 따른 것"이라며 건강이상설을 일축하기도 했다. 하지만 소문은 가라앉지 않았다. 그리고 마침 이때는 제프리 영과 윌리엄 사이먼이 암울하게 예고했던 5년이라는 시간이 다가오는 때이기도 했다.

우리는 누구도 영원불멸하지 못하다. 죽음은 언제나 예기치 못한 모습으로 우리에게 찾아온다. 우리가 그 앞에 당당할 수 있는 유일한 방법은 우리의 오늘을 죽음조차 경배할 만큼 강인하고 당당하게 살아가는 것뿐이다.

그리고 스티브 잡스는 그런 삶이란 것이 어떻게 가능한지를 우리에게 보여 준 바 있다. 많은 사람들을 감동시켰던 2005년 12월의 스탠포드대학 졸업식 축사를 통해서였다.

스티브 잡스는 비록 내일 죽는다 해도, 또는 앞으로 50년을 더 산다고 해도, 마지막 순간의 삶이 지금 현재의 그의 삶과 크게 다르지 않을 사람이다. 그의 삶은 유복하지 않은 가정에서 시작돼 특별한 지위를 가진 사람들의 삶 사이에서 이루어졌다. 하지만 그는 특별한 사람들 사이에서도 별로 변하지 않았다. 포르쉐 자동차를 사랑하는 것 정도를 제외한다면, 스티브는 한결같이 검은 터틀넥 티셔츠에 청바지 차림으로 사람들을 대했고, 팰로앨토의 평범한 주택가에서 수십 년을 살았다. 그에게는 다른 보상이 필요 없다. 그의 삶 자체가 그에게는 보상이다.

약 1년 전, 저는 암(癌)이라는 진단을 받았습니다. 아침 7시 30분에 스캔을 받았는데 췌장에 혹이 뚜렷하게 보였습니다. 저는 그때까지 췌장이라는 게 뭔지도 몰랐습니다. 의사는 제게 췌장암은 치료가 불가능하며, 남은 날은 3~6개월에 불과하다고 얘기했습니다. 그리고 집에 가서 가족들과 함께 시간을 보내며 삶을 정리하라는 충고를 해 주더군요.

하루 종일 저는 이 진단만 생각했습니다. 그날 저녁, 내시경 검사로 혹의 조직을 약간 떼어 내고 얼마 지나자 아내가 다가왔습니다. 제 아내는 기뻐하며 의사들이 제 췌장암이 수술 가능한 매우 드문 종류의 암이라고 하더라고 말해 줬습니다. 저는 수술을 받았고, 이젠 괜찮습니다. 이것이 제가 죽음에 가장 가까이 갔던 경험입니다. 이런 일을 겪고 난 저는 여러분께 아마도 죽음에 대해 조금 더 도움이 되는 얘기를 해 드릴 수 있다고 생각합니다.

죽음을 원하는 사람은 아무도 없습니다. 죽으면 천국에 간다고 믿는 사람들조차 천국에 가기 위해 죽겠다고 하지는 않습니다. 하지만 죽음이란 우리 모두가 도달하게 돼 있는 종착역입니다. 누구도 거기에서 자유롭지 못하죠. 죽음은 또한 삶이 고안해 낸 가장 훌륭한 발명품이기도 합니다. 오래된 것은 죽음이 있기 때문에 새로운 것에게 자리를 내어 주고, 변화를 가능하게 만듭니다. 지금 이 순간에는 여러분이 바로 새로운 존재들이지만 점차 여러분도 나이를 먹고 사라져 가게 될 것입니다. 너무 단적으로 얘기해 죄송합니다. 하지만 이건 분명한 사실입니다.

여러분의 시간에는 제한이 있습니다. 그러니 다른 사람의 인생을 살면서 시간을 낭비하지 마세요. 도그마에 갇혀서도 안 됩니다. 도그마란 다른 사람들의 생각을 모아 놓은 결과물에 불과합니다. 다른 사람들의 의견이 여러분의 내면으로부터 들려오는 소리를 가로막는 잡음이 되지 않도록 주의하세요. 무엇보다도 여러분의 심장과 직관이 이끄는 대로 살아갈 수 있는 용기를 가지시기를 당부하고 싶습니다. 여러분의 심장과 직관이야말로 여러분이 원하고, 여러분이 되고 싶어 하는 바로 그 모습을 얘기해 줍니다. 다른 모든 것들은 부차적일 뿐이죠.

제가 젊었을 때, 『온 세상 카탈로그(The Whole Earth Catalog)』라는 멋진 책이 있었습니다. 우리 세대에겐 일종의 바이블이었죠. 이 책의 저자는 지금 이곳에서 멀리 떨어지지 않은 멘로파크라는 곳에 사는 스튜어트 브랜드라는 사람이었는데, 그는 매우 시적인 감각으로 인생의 갖은 이야기를 책에 담아냈습니다. 이 책은 개인용 컴퓨터나 탁상출판 같은 것이 등장하기도 전인 1960년대에 타자기와 가위, 폴라로이드 사진을 이용해 출판된 책이었어요. 그러니까 구글이 등장하기 35년 전에 출판된 '문고판 구글'이었던 셈이죠.

스튜어트와 그의 팀은 이 책의 판본을 여러 개 냈는데, 1970년대 중반, 제가 여러분 나이였던 시절에 최종판이 나왔습니다. 그리고 최종판의 맨 뒤표지에는 이른 아침 시골길을 담은 사진이 실려 있었습니다. 여러분이 보시면 아마도 그 길을 통해 히치하이크를 떠나고 싶어질 법한 풍경이었죠. 그 사진 아래에 이런 말이 쓰여 있었습니다. "늘 배고픈 상태로, 늘 어리석은 상태로 머무르라(Stay Hungry. Stay Foolish)." 최종판을 펴낸 그들의 마지막 메시지였죠. 늘 배고픈 상태로, 늘 어리석은 상태로 머무르라는 그들의 마지막 메시지를 저는 늘 제 마음 속에 담아 왔습니다. 그리고 지금, 대학을 졸업하며 새로운 삶을 시작하는 여러분에게 그 메시지를 들려드리고 싶습니다.

# 주

1) 각 장의 도입부에 소개되는 노래들은 애플의 MP3 플레이어 '아이팟'의 TV 광고에 사용된 배경음악이다.

2) 애플컴퓨터는 2007년 1월에 사명을 애플컴퓨터에서 애플로 변경한다. 아이팟, 애플TV 등 다양한 분야에 진출하고 있는 회사의 변화된 전략을 반영한 것이었다. 이 책에서는 2007년 1월 9일 이전의 명칭도 애플로 통일해서 사용하기로 한다.

# 참고문헌

## _ 더 읽을 책들

『잡스처럼 일한다는 것』(린더 카니, 안진환·박아람 옮김, 북섬, 2008)

『아이팟-컬트브랜드의 탄생』(린더 카니, 이마스 옮김, 미래의창, 2006)

『iCon 스티브 잡스』(제프리 영·윌리엄 사이먼, 임재서 옮김, 민음사, 2005)

『iCEO 스티브 잡스』(시릴 피베, 유정현 옮김, 이콘, 2004)

『못말리는 CEO 스티브 잡스』(앨런 도이치먼, 안진환 옮김, 영진비즈닷컴, 2001)

## _ 웹사이트

오리지널 매킨토시 개발 에피소드 http://www.folklore.org
애플 관련 각종 자료들 http://forums.macrumors.com
http://www.applematters.com
픽사 단편 애니메이션 모음 http://www.pixar.com/shorts/index.html
1995년 4월 진행된 스티브 잡스 인터뷰

http://americanhistory.si.edu/collections/comphist/sj1.html

## _ 영상물

Martyn Burke, <Pirates of Silicon Valley>, 1999.
그 외 유튜브에 올라와 있는 스티브 잡스의 키노트 동영상

큰글자 살림지식총서 008

## 스티브 잡스

| 펴낸날 | 초판 1쇄  2012년  10월  15일 |
| --- | --- |
|  | 초판 2쇄  2019년  1월  25일 |

| 지은이 | 김상훈 |
| --- | --- |
| 펴낸이 | 심만수 |
| 펴낸곳 | (주)살림출판사 |
| 출판등록 | 1989년 11월 1일 제9-210호 |

| 주소 | 경기도 파주시 광인사길 30 |
| --- | --- |
| 전화 | 031-955-1350    팩스  031-624-1356 |
| 홈페이지 | http://www.sallimbooks.com |
| 이메일 | book@sallimbooks.com |

| ISBN | 978-89-522-2099-8   04080 |
| --- | --- |
|  | 978-89-522-3549-7   04080 (세트) |

※ 이 책은 큰 글자가 읽기 편한 독자들을 위해
　글자 크기 14포인트, 4×6배판으로 제작되었습니다.